Bibliografische Information der Deutschen Nationalbibliothek. Die Deutsche Nationalbibliothek verzeichnet diese Publikation in der Deutschen Nationalbibliografie; detaillierte bibliografische Daten sind im Internet über http://dnb.d-nb.de abrufbar.

Die Informationen in diesem Buch wurden von der Autorin nach bestem Wissen und Gewissen zusammengestellt. Sie stellen keinen Ersatz für eine medizinische Betreuung jeglicher Art dar. Die Autorin übernimmt keinerlei Haftung für etwaige Personen- oder Sachschäden, die sich durch Informationen aus diesem Buch ergeben. Die Angaben beziehen sich auf keine speziellen Futter, Futterhersteller oder Marken, sondern alle Informationen sind allgemeiner Art.

3. geänderte Auflage

mit neuer ISBN

Erstausgabe vom 20.05.2014

Herstellung und Verlag:

BoD - Books on Demand, Norderstedt

Printed in Germany

ISBN: 978 – 3 – 735780-60-7

Susanne Hottendorff

Fütterst du noch –

oder ernährst du schon?

Hunde und Katzen lieben es

Ratgeber für eine artgerechte Ernährung

von Hunden und Katzen

Inhaltsangabe:

    11 Warum dieses Buch?

    12 Unsere liebsten Haustiere

        13 Der Hund

        19 Die Katze

  24 Wie geht es weiter?

  25 Was wünschen Sie sich für Ihren Liebling

  27 Die Ernährung - ganz allgemein

        30 Das gehört in die Nahrung

        30 Das gehört nicht in die Nahrung

        32 Der Darm

        35 Trockenfutter

Inhaltsangaben

39 Haltbarkeit

40 Fleischanteil oder tierische Nebenerzeuge

42 Tiermehl, Fleischmehl, Blutmehl

43 Fleisch-Hydrolysat

44 Fischmehl

45 Fette, Öle

47 Füllstoffe

49 Zucker, Zuckerrübenbrei,

49 Zuckerrübentrockenschnitzel

52 Pflanzliche Nebenerzeugnisse

53 Obst, Gemüse

54 Vitamine

57 Taurin

59 EG (EWG) Zusatzstoffe

68 Natürliche Aromastoffe

68 Naturidentische Aromastoffe

69 Künstliche Aromastoffe

70 sonstige Zusatzstoffe

77 Achtung Gift !

80 Das sollten Sie auf keinen Fall füttern

83 Fütterungsfehler erkennen

86 Dosenfutter

88 Das kann ich tun, damit mein Tier frisst

88 Instinkt beim Fressen?

89 Der richtige Napf

89 Soll ich immer Nahrung anbieten?

90 Mein Tier trinkt zu wenig

91 Ist artgerechte Nahrung teurer?

93 Artgerechte Ernährung

   93 BARF

      94 BARF bei Hund

      98 BARF bei der Katze

100 Artgerechte Nahrung – und nun?

102 Nahrungsumstellung

104 Fellwechsel oder was?

105 Lagerung von Nahrung

106 Was es noch gibt

109 Schlusswort

110 Die Autorin stellt sich vor

112 Quellenangaben, Homepages der Autorin

113 Bisher von der Autorin erschienen

Menschen können selbst entscheiden

was sie essen,

Haustiere leider nicht !

Deine Nahrung soll deine Medizin sein.

Hippokrates

Warum dieses Buch?

Ich möchte Sie mit auf eine Reise nehmen, die uns zu den beiden liebsten Haustieren des Menschen führt.

Sie werden Informatives zu Hund und Katze lesen. Nehmen Sie sich etwas Zeit und lassen Sie sich entführen!

Schwerpunkt dieses Ratgebers ist die artgerechte Ernährung unserer Lieblinge unter der Überschrift:

„**Wer sein Tier liebt,
kann es nur gesund und artgerecht ernähren!**"

Sie lernen die Etiketten der handelsüblichen Tier"futter" zu verstehen. Erkennen Sie, was sich hinter den chemischen Begriffen und hinter den Pseudo-Inhaltsstoffen verbirgt.
Alles, damit es Ihrem Liebling besser geht!

Ganz nach dem Motto:

**Fütterst du noch –
oder ernährst du schon?**

Unsere liebsten Haustiere

Des Menschen liebste Haustiere sind und bleiben Hunde und Katzen. In veröffentlichten Studien aus dem Jahr 2009, eine aktuellere liegt noch nicht vor, gab es in Deutschland

8,2 Millionen Katzen in 16,5 % der Haushalte und
5,4 Millionen Hunde in 13,3 % der Haushalte.

Aus Österreich und der Schweiz liegen, wenn überhaupt, nur ältere Zahlen vor. Aber auch diese zeigen, die Katze steht auf Platz Nummer Eins.
Die Zahlen zeigen auch, dass insgesamt in 12 Millionen Haushalten 23,2 Millionen Haustiere leben.
Das sind veröffentlichte Zahlen des Industrieverbandes Heimtierbedarf (IVH).
Wen wundert es da, dass die Industrie diesen Markt für sich nutzen will?

Lassen Sie uns gemeinsam schauen, was den Hund und die Katze ausmacht. Was er/sie möchte und was für ihn/sie bekömmlich ist. Denn wir wollen doch, dass es unseren Lieblingen gut geht!

Der Hund

Es gibt die Überfamilie der „Hundeartigen", zu der der Hund gehört. Dazu gehören ebenfalls Füchse, Schakale, Kojoten und Wölfe. Aus ihrer domestizierten, also gezähmten oder gebändigten Form, entstanden die Haushunde.

Der Canis lupus familiaris, der Haushund, ist als Haustier bekannt, wird aber auch als Heim- und Nutztier gehalten. Seine wilde Stammform, also Urform, ist der Wolf, dem er als Unterart zugeordnet wird. Wann die Domestizierung wirklich stattfand, ist noch immer umstritten; wissenschaftliche Schätzungen gehen davon aus, dass dies vor 15.000 bis 100.000 Jahren geschah.

Was ist also ein Haushund?

Ganz einfach, ein Hund der überwiegend im Haus gehalten wird; damit kennzeichnet man also die Haltungsform. Früher wurde der Hund überwiegend zur Bewachung des Hauses gehalten. Heute kommt ihm zusätzlich eine ganz besondere Aufgabe zu: als Partner des Menschen beinhaltet sie die soziale Komponente. Hunde sind an das Zusammenleben mit dem Menschen gewöhnt und haben sich angepasst. Wir grenzen somit den Haushund vom wildlebenden oder streunenden Hund ab, der zwar domestiziert, aber nicht sozialisiert wurde.

Da gibt es dann auch noch den Dingo, der auch ein Haushund ist, aber vorläufig immer noch als eigenständige Unterart des Wolfes geführt wird.

Halten wir fest: Der Haushund stammt also irgendwie vom Wolf ab. Wir nennen ihn heute der Einfachheit halber nur noch Hund. Seit wann allerdings der Hund als „Freund des Menschen" bezeichnet wird, kann auch nicht mit Gewissheit belegt werden. Gesichert kann man aber sagen, dass er es seit über 14.000 Jahren ist!

Der Hund dient also oft auch als "Arbeitstier" und hat dabei richtige Jobs zu absolvieren. Denken Sie dabei an den Polizeihund. Aber er kommt eben auch beim Katastropheneinsatz, in der Behindertenbetreuung, als Blindenhund, Drogenhund oder auch als Wachhund zum Einsatz.

Sehr zum Bedauern vieler Hundeliebhaber gilt der Hund in manchen asiatischen Kulturen und Ländern aber immer noch als Fleischlieferant. In der EU ist dies nicht möglich, weil die Schlachtung der Hunde zum Glück verboten ist.

Der Geruchssinn des Hundes oder Hundeschnauze mit Nase

Die Nase, also fachmännisch gesagt das Riechorgan des Hundes, ist wesentlich empfindlicher als die des Menschen. Hunde zählen zu den Makrosmatikern, zu den Nasentieren. Ganz grob zu erkennen ist der ausgeprägte Geruchssinn des Hundes schon an der Anzahl der Riechzellen, wobei es zwischen den einzelnen Hunderassen erhebliche Unterschiede gibt. In etwa kann man sagen:

„Je länger die Hundeschnauze, desto besser das Riechvermögen."

Der Mensch nennt circa fünf Millionen Riechzellen sein Eigen, der Dackel 125 Millionen und der Schäferhund 220 Millionen.

Zur Beurteilung der Riechleistung reicht das aber zweifellos nicht aus. Messungen haben ein im Vergleich zum Menschen etwa eine Million Mal besseres Riechvermögen ergeben. Der Hund kann in kurzen Atemzügen bis zu 300 Mal in der Minute atmen, so dass die Riechzellen ständig mit neuen Geruchspartikeln versorgt werden. Würden wir das versuchen, käme es eventuell sogar zu einer Ohnmacht.

Das Gehirn spielt aber eine ebenso wichtige Rolle bei der Verarbeitung der Daten, der Gerüche. Die Nase des Hundes kann „Stereo" riechen. Denken Sie dabei an das Sehen und übertragen diese Eigenschaft dann auf das Riechen. Dadurch ist der Hund in der Lage, die Richtung einer Spur zu beurteilen und zu verfolgen. Das klappt sogar bei alten Spuren.

Schauen wir uns das Hirn eines Hundes im Vergleich zum Menschen an, erkennen wir, dass die Größe des Anteils des Gehirns, der zum Riechen genutzt wird, unterschiedlich groß ist. So setzt der Hund 10 % ein und der Mensch gerade mal 1 % des Hirns. So wird der Spürhund dann bei der Arbeit der Polizei und bei der Suche nach Vermissten eingesetzt.

Außerdem können Hunde Gerüche schmecken! Sie nutzen das auf ihrem Gaumen befindliche Vomeronasalorgan, das Jacobsonsche Organ, dafür. Es transportiert die aufgenommenen Gerüche als Information weiter an das Limbische System. Es ist für die Entstehung von Gefühlen, des Triebverhaltens und für die Bildung von Hormonen beim Hund verantwortlich.

Der Geschmackssinn des Hundes

Hunde besitzen Geschmacksknospen auf den Papillen der Zunge, aber auch auf dem Gaumendach und am Eingang des Schlundes. So verfügt ein Hund über insgesamt etwa 1700 solcher Geschmacksknospen. Zum Vergleich: der Mensch hat etwa 9000.
Um den Geschmack wahrnehmen zu können, müssen Moleküle im Speichel des Tieres gelöst werden. Dazu verfügt der Hund über vier Paar Speicheldrüsen. Es gibt zwei verschiedene Arten von Speichel – einen eher wässrigen, der für die Gemüsenahrung zuständig ist, und einen eher schleimigen, der Moleküle der Fleischnahrung löst. Die Regionen auf der Zunge sind anders angeordnet als beim Menschen. Der seitliche Teil der Zunge reagiert auf süße, salzige und saure Nahrung. Der hintere Teil dagegen auf Bitter. Extra Rezeptoren, die dem Hund anzeigen, dass es jetzt Fleisch gibt, sind auf der ganzen Zunge verteilt. Dabei finden sich auf dem vorderen Drittel besonders viele dieser Fleisch-Rezeptoren.

Und dann noch das:

Das Thema Hund ist eines jener Themen, die immer sehr emotionell geführt werden. Weder der Hundeliebhaber noch der Hundehasser, weder der Hundefanatiker noch der Züchter können über die Probleme, die vor allem mit dem Hundebesitz im städtischen Bereich einhergehen, wirklich objektiv diskutieren. Immer wieder werden in den Medien Berichte veröffentlicht, in denen scharfe Hunde Kinder angreifen und sie verletzen oder gar töten. Diese oft sehr hitzigen Berichte sind leider nicht hilfreich und schüren so oft auch die Auseinandersetzungen.

Die Katze

Die Katzen, Felidae, sind aus der Familie der Raubtiere, Carnivora, innerhalb der Überfamilie der „Katzenartigen" (Feloidea). Sie gibt es auf allen Kontinenten (Ausnahme: Antarktika und Ozeanien). Katzen sind ausschließlich Fleisch- Fischfresser.

Aus Überlieferungen weiß man, dass die Katze schon lange vor dem Menschen auf fast allen Kontinenten beheimatet war. Der Mensch breitete sich aus und es kam dann vor circa 9500 Jahren zur Domestizierung der Katze zur Hauskatze. Die Wildkatze ist weiterhin präsent, allerdings nur in einigen Regionen. Ihr Überleben ist gefährdet. Die Hauskatze blieb beim Menschen und ist nun das beliebteste Haustier in Deutschland.

Zahlenmäßig sind eigentlich nur die Fische überlegen, allerdings nur, wenn man sie als Einzelfisch und nicht die Aquarien zählen würde! Auch bekannte Persönlichkeiten und Stars aus Hollywood erklären, dass sie oft sogar mehr als eine Katze zu Hause halten.

...oder nur schlafen und fressen?

Die Katzenhaltung ist vergleichsweise einfacher als die Hundehaltung. Vielleicht ist das der Grund für ihre Beliebtheit. Man muss nicht mehrmals mit ihnen auf die Straße gehen, damit sie sich entleeren können. Dafür gibt es moderne Katzenklos. Entschließt man sich zu mehr als einer Katze, haben diese auch gleich die nötige Unterhaltung und Beschäftigung und sind nicht alleine. Immerhin ist die Katze beliebt, obwohl sie den Ruf hat, als sehr eigensinnig zu gelten. Sie kommen nur, wenn sie fressen wollen, sind sie satt, ziehen sie sich wieder zurück. Eigensinnig eben. Dieser Ruf wurde inzwischen jedoch durch die Wissenschaft widerlegt. Katzen sind sehr sensibel und immer auf ihren Vorteil bedacht. Sie mögen beispielsweise keine hohen Töne, reagieren aber auf den Kontakt des Halters. Sie reagieren auf die Stimmungen und Schwankungen ihres Ernährers, was ja durchaus als sozial bezeichnet werden kann. Beispielsweise kommen sie zum Menschen, lassen sich freiwillig streicheln, wenn sie fühlen, dass es „ihrem" Menschen nicht gut geht oder wenn er traurig ist.

Vergleicht man die Katze mit dem Hund, wird schnell klar: Einen Einsatz als „Polizei-Katze" oder „Rettungs-Katze" wird es nicht geben. Obwohl Züchter versucht haben, durch Experimente Erfolge zu erzielen, sind die Ergebnisse mit dem Einsatz von Hunden nicht vergleichbar! Auch die Rassenunterschiede sind bei Hunden groß, bei Katzen hingegen treten eher vergleichbare Merkmale auf.

Und noch ein Attribut: Die meisten Katzenarten sind Einzelgänger. Auch in freier Natur kommen sie nur zur

Paarung zusammen. (Ausnahmen: Löwen und Geparden).

Der Geruchssinn der Katze

Der Geruchssinn der Katzen ist viel weniger ausgeprägter als bei den Hunden, aber immer noch deutlich besser als bei den Menschen. Wie bei allen Säugetieren dient der Sinn der sensorischen Prüfung von Nahrung, Artgenossen oder anderen Lebewesen. Gemeint ist also die Prüfung mit den Sinnesorganen. Aber, noch einmal, eine Katze könnte niemals einen Verschütteten „riechen". Das kann nur der Hund.

Der Geschmackssinn der Katze

Katzen können bitter, salzig, sauer und umami, das bedeutet fleischig, herzhaft und wohlschmeckend, unterscheiden. Süß erkennen sie nicht! Ihnen fehlt das entsprechende Gen dafür – sie haben dafür eben funktionsunfähige Rezeptoren auf der Zunge. Sind Katzen erkältet und verlieren so ihren Geruchssinn, büßen sie auch ihren Appetit ein.

Die Erkennung der Nahrung erfolgt blitzschnell und präzise. Katzen kauen ihre Nahrung nicht, sondern sie verschlingen sie. Sie haben eine raue Zunge, auf der die die Papillen sitzen. Diese sind wiederum mit Dornen besetzt, die in Richtung des Körpers zeigen. Mit denen reinigen die Katzen ihr Fell. Man kann sagen, sie kämmen das Fell und schaben beispielsweise Fleisch vom Knochen damit ab. Die vorne angesetzten Papillen dienen der eigentlichen Geschmackswahrnehmung.

Und dann noch das

Katzen haben aus ihrer Herkunftsgeschichte als wildlebende Wüstentiere zwei Verhaltensmuster mitgebracht, die ihnen heute als Haustiere mehr schaden als nutzen:

Neophobie und Futterwechselmechanismus.

Neophobie bedeutet übersetzt: Angst vor Neuem!

Die Katze sagt: „Ich fress nix, was ich nicht kenne. Ich gewöhne mich an einen Geschmack, an eine bestimmte Konsistenz oder an den einen Geruch. Nun weiß ich, dass ich das vertrage und ab jetzt fresse ich nichts anderes mehr." Sie gewöhnt sich an das Futter. Aber, wir können es beeinflussen; es liegt in unserer Verantwortung. Wichtig für die Ernährung ist die Abwechslung. So können wir als Katzenhalter das Verhaltensmuster der Neophobie durchbrechen. Einseitige Ernährung ist doch immer schlecht. Bieten Sie Ihrer Katze Abwechslung, es gibt doch so viele Möglichkeiten. Lachs, Rind,

Lamm oder Geflügel, es muss nicht immer Thunfisch sein!

Der Futterwechselmechanismus liegt scheinbar im genauen Gegensatz zur Neophobie. Dieser Mechanismus zeigt sich darin, dass die Katze monatelang mit großer Lust das Futter ihr bekannte „Futter" frisst. Und dann, ohne ersichtlichen Grund, die Aufnahme verweigert. Mietze sitzt hungrig vor ihrem gefüllten Napf – verweigert aber das sonst so geliebte Futter. Ab heute will sie nun also etwas Neues in den Napf. Und der Futtergeber freut sich! Die Katze frisst wieder.

Eine genaue Erklärung für diesen angeborenen Mechanismus gibt es nicht. Biologen vermuten, er soll den Organismus der Katze für einen notwenigen Futterwechsel vorbereiten und somit in freier Wildbahn das Überleben sichern.

Meine Katze frisst nur „XY aus der der Dose" und schon gar kein Frischfleisch! Wunder … Wunder ….

Ab heute also Veränderung im Napf!

Übrigens, diese Eigenschaft haben sich die Hersteller des Katzen"futters" zunutze gemacht.

In Wirklichkeit würde die Katze nur Frischfleisch fressen. Wie das geht, werden Sie kennenlernen.

Wie geht es weiter?

Sie haben jetzt einige Informationen über den Hund und über die Katze erhalten. Unsere Lieblinge sollen glücklich, zufrieden und gesund sein. Wir können dazu sehr viel beitragen. Schauen wir auf unsere Wünsche und wie wir sie erreichen können. Betrachten wir das handelsübliche Futter, welches z.B. in Supermärkten angeboten wird.

Ich möchte an dieser Stelle einmal darauf hinweisen.

Ich möchte auf keinen Fall ein „spezielles Futter" schlechtmachen. Ich möchte Ihnen, liebe Leserin und lieber Leser, nur Werkzeug in Form von Informationen an die Hand geben, damit Sie sich selbst ein Urteil machen können und Etiketten und Angaben auf Dosen und Tüten besser verstehen können.

Was wünschen Sie sich von Ihrem Liebling?

*Schönes – glänzendes Fell

*Weniger Geruch

*Weniger Haarausfall

*Ausgeglichenheit – Agilität

*Weniger Kotabsatz

*Besseres Allgemeinbefinden

*Gesundes alt werden - Prävention

*Gesunde Welpen und Kitten

*Gesunde Hunde und Katzen

Ein Weg, zu diesem Ziel zu kommen, führt durch den Magen!

Sie kennen den Ausspruch: Liebe führt durch den Magen! Das trifft auch auf unsere Tiere zu.

Sie alle haben Dosen oder Tüten zu Hause und können selbst schauen, was von den folgenden Informationen auf Ihr Produkt zutrifft.

Ich möchte Ihnen nur die Möglichkeit geben, das Werkzeug sozusagen liefern, damit Sie selbst erkennen können, welche „Qualität" sich in dem *Futter* befindet.

Bereits 2010 wurde in Brüssel ein Gesetz zur Deklaration der Inhaltsstoffe ratifiziert. Leider halten sich viele Hersteller nicht daran und eine genaue Prüfung seitens der Behörden bleibt auch aus. Und ehrlich, wenn schon bei den Menschen „Gammelfleisch" auf dem Tisch landet, wen wundert es da, dass die zuständigen Beamten in Sachen Tiernahrung nicht wirklich aktiv werden.

Sie denken manchmal vielleicht: „Oh, toll! Das ist aber *wertvolles Futter*!" Aber in Wirklichkeit ist eben nicht enthalten, was zu lesen ist.

Viele Inhaltsstoffe sind dazu noch in Fachsprache aufgeführt, wer versteht das schon sofort? Lassen Sie uns gemeinsam auf mögliche Angaben schauen. Ich führe Sie Schritt für Schritt durch die Inhaltsstoffe und erkläre Ihnen, was sich dahinter versteckt!

Also, lassen Sie uns beginnen.

Die Ernährung – ganz allgemein

„Eine vollwertige Ernährung der Hunde erfolgt am einfachsten, indem man qualitativ hochwertiges, industriell gefertigtes, Hundefutter verfüttert. Diese Fütterung versorgt die Tiere mit allen essentiellen Nahrungsbestandteilen."

Diesen Text habe ich im Internet gefunden. Klar, das Internet ist geduldig …. Und es prüft eben auch nicht, was geschrieben wird!
Grundsätzlich ist es ja richtig. Qualitativ hochwertiges Futter könnte auch industriell gefertigt werden. Es könnte ….
Sie werden, nachdem Sie dieses Buch gelesen haben, mehr verstehen. Sie werden lesen können und daraus Ihre ganz eigenen Schlüsse ziehen können.

Wir denken immer daran, dass unser Auto das beste Motoröl bekommt. Und unsere Wäsche soll weiß werden, wir kaufen ein sehr gutes Waschmittel. Bei der Ernährung für unsere Familie denken immer mehr darüber nach, nur noch Bioprodukte zu kaufen. Der erste Schritt ist gemacht.
Aber wer denkt denn an seine Lieblinge?
Haben Sie sich schon mal gefragt, welche Nahrung für Ihren Vierbeiner am bekömmlichsten ist?

Hunde und Katzen sollen kein „*Menschenfuttter*" bekommen – das hört man ja schon mal.

Aber welche Nahrung ist wirklich gut?

Hunde und Katzen benötigen eine andere Ernährung als wir Menschen. Darüber sind wir uns einig!

Viele füttern, auch der Einfachheit halber, *Trockenfutter*! Ernährungsphysiologisch fragwürdig ist die Ernährung durch Speisereste, da sie Mangelzustände und Krankheiten bewirken kann. Ich hoffe, keiner meiner Leser verfüttert Reste (Gebratenes, Gegrilltes, usw.) aus der Küche an seinen Liebling!

Viele menschliche Nahrungs- und Genussmittel sind für unsere Vierbeiner sogar mehr oder wenig giftig! So dürfen sie auf keinen Fall Schokolade bekommen. Das aus der Kakaobohne stammende Theobromin kann für Hund und Katze tödlich sein. Es kann zu einer Vergiftung kommen. Die kombinierten neurologischen Effekte des Theobromins führen zu einer Erhöhung des Blutdrucks und der Pulsfrequenz, Verengung der Blutgefäße besonders im Gehirn, zu verringerter Reizschwelle des Nervensystems und dadurch zu Unruhe, Zittern und Hyperreflexie bis hin zu Krampfanfällen. Daneben tritt häufig Erbrechen auf; auch Durchfall kommt vor. Bei tödlichen Vergiftungen ist die unmittelbare Todesursache in der Regel entweder eine Herzarhythmie, Hyperthermie oder Atemstillstand. Besonders hoch ist der Theobrominanteil in dunkler Schokolade!

Aber auch der Verzehr von Speisezwiebeln, Rosinen und Weintrauben kann zu einer schlimmen Vergiftung mit Todesfolge führen. Ursächlich dafür ist das Weintraubentoxin – also ein Gift. Bereits eine Aufnahme von 10 g pro kg Körpermasse (KM) kann ausreichen! Bei Rosinen sind es weniger als 2,8 g/kg/KM. Hier sei auch zu beachten, dass dazu der Trester gehört, der z.B. in Weinbergen nach der Ernte ausgebracht wird.

Das gehört in die Tiernahrung:

- etwa 65 % - 75 % echtes Fleisch (damit sind keine Schlachtabfälle gemeint) sondern Muskelfleisch vom Rind und Huhn
- etwa 10 % - 15 % Gemüse
- etwa 5 % Reis oder Nudeln
- hergestellt im Schonverfahren, damit die Inhaltsstoffe erhalten bleiben

Das gehört NICHT in die Tiernahrung:

- Chemie in jeder Form
- Konservierungsstoffe
- Formfleisch
- Schweinefleisch
- chemische Farbstoffe
- chemische Lockstoffe – Geruchsstoffe
- Sojaprodukte
- Tier- Mais- Pflanzen- und Getreidemehle
- Zucker
- Salz
- Leder
- Alkohol
- künstliche Vitamine
- Schlachtabfälle, wie Federn, Hufe, usw.
- Reste von verendeten und toten Tieren

Auch dazu später mehr.

In einem Bericht der Bildzeitung wurde berichtet, dass ein belgischer Tierarzt durch Untersuchungen festgestellt hat, dass industriell hergestelltes Tierfutter die Lebenserwartung unserer Lieblinge verkürzt.

In einem Bericht der Weltgesundheitsorganisation (WHO), habe ich einen Bericht gelesen:
Bis heute sind eventuelle Folgen und Wirkungen von Zusatzstoffen und chemischen Verbindungen auf den Körper noch nicht abschließend erforscht. Es ging da um einen kausalen Zusammenhang von Ernährung und einigen Erkrankungen. Es ging unter anderem um:
- ➢ Allergien
- ➢ Nahrungsmittelunverträglichkeit
- ➢ Hyperaktivität
- ➢ Diverse Hauterkrankungen
- ➢ Störungen in Gelenken und Knochen

- ➢ Diabetes
- ➢ Ernährungsstörungen unterschiedlichster Art

Es wird weiter geforscht und wir alle hoffen auf adäquate Lösungen für Zwei- und Vierbeiner.

Menschen und Tiere unterscheiden sich nicht nur äußerlich, sondern auch der Weg der Nahrung durch den Körper ist unterschiedlich.

Der Darm

Schauen wir uns den Darm (Intestinum) an:

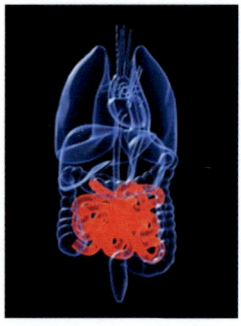

Blick auf einen menschlichen Darm (rot)

Menschen:
Im Verhältnis ca. 1:6 (Körperlänge zu Darmlänge)
Ca. 8 Meter (beim Erwachsenen), eine Fläche von ca. 400 – 500 qm aufgrund der feinen Darmzotten (Oberfläche). Ein Mann mit einer Größe von 1,80 m hat einen etwa 10 -11 Meter langen Darm.

Fleischfresser:
Bei der Katze ca. 4 Mal so lang wie der Körper (je nach Rasse und Größe unterschiedlich)
Beim Hund ca. 6 Mal so lang wie der Körper (je nach Rasse)

Pflanzenfresser:
Beim Schaf hat der Darm ca. die 24fache Körperlänge! Daran erkennen Sie, dass die Natur sich schon etwas dabei gedacht hat. Das Schaf frisst nur Gras, Kräuter, aber kein Fleisch!

Die Katze allerdings hat einen dementsprechend kurzen Darm, weil sie von Natur aus nur Fleisch frisst oder fressen will.

Einfach erklärt:
Frisst die Katze (oder der Hund) ein Trockenfutter, so kann es ihr Darm nicht verarbeiten und auch keine Energie daraus gewinnen. Das Futter wird wieder ausgeschieden. Die Katze leidet, hat einen starken Reiz,

Kot abzusetzen und quält sich dabei! Und es fehlen ihr die nötigen Stoffe, die sie zur Erhaltung eines gesunden Lebens benötigt.

Fragen Sie gerne einmal den Tierpark oder Zoo in Ihrer Nähe. Dort wird nur Frischfleisch an die Raubtiere verfüttert. Das ist Natur. So sind die Tiere es gewohnt; so wie in der freien Wildbahn und wie schon vor 10.000 Jahren und mehr.

Die Verantwortlichen in den Tierparks wissen genau, dass langfristig nur artgerechte Nahrung gut für die Tiere ist. Würden sie diese braunen Kugeln an die Tiere verfüttern, sie könnten Millionen – Beträge einsparen, da es in der Anschaffung zunächst einmal günstiger ist.

Aber sie wissen - es kann nicht funktionieren!

Raubtiere fressen Fleisch. Sie jagen. Denken Sie als Beispiel an einen Wolf oder an einen Löwen. Würden diese Tiere Trockenfutter jagen oder fressen? NEIN!

Trockenfutter – ganz speziell

Lassen Sie uns gemeinsam einen Blick auf *Trockenfutter* werfen. Viele Tierfreunde füttern ihre Lieblinge mit *Trockenfutter* aus der Tüte.

Da gibt es Vorteile, werden Sie sagen:

> ➢ es ist sehr bequem, da leicht zu tragen und zu beschaffen – es gibt auch kleine Beutel!
> ➢ es ist sauber und sehr leicht zu portionieren
> ➢ einmal gekauft hat es eine lange Haltbarkeit – sehr bequem
> ➢ es ist auch heute sehr preisgünstig zu erwerben

Dagegen stehen aber viel mehr Argumente, die dazu auch noch von enormer Tragweite sind. Nun schauen wir uns mal die Nachteile des *Trockenfutters* an!

Das Tier muss, um das *Trockenfutter* richtig zu verdauen, die **sechs- bis neunfache** Menge an Wasser zu sich nehmen. Das geht aber gar nicht. Der Magen vermag solche Mengen nicht aufzunehmen. Und das Tier möchte es auch gar nicht!
Ein Hund kann ohne Probleme bis zu drei Wochen ohne Nahrung auskommen. Aber er kann nicht auf Wasser verzichten! Bereits ein Verlust von ca. 10 % kann tödlich sein!

Grundsätzlich kann es bei einem Flüssigkeitsverlust zu schweren Nierenschäden kommen. Diese werden immer erst zu spät erkannt, oft erst bei einer ca. 80prozentigen Schädigung. Dann ist die Niere irreparabel geschädigt! Aber auch andere Organe können erkranken.

Trockenfutter enthält i.d.R. einen hohen Anteil an Getreideabfall, noch nicht einmal Getreide! Häufig wird dort die Maische aus Brauereien, teils sogar mit Alkohol versetzt, „entsorgt". Diese wird dann als „Getreide" deklariert. In Wirklichkeit wird der Getreideabfall als Füllstoff benötigt, es kompensiert den geringen Fleischanteil. Und diese Zutaten kosten nichts. Fleisch im herkömmlichen Sinn ist so gut wie nie enthalten. Wenn auf der Verpackung steht: (in der Regel) 4 – 8 % Rind, dann kann es sich hier um Haut, Pelle, Blase, Hufe, Hörner, Wolle, Blut usw. handeln.

Hinzu kommt dann auch noch erschwerend, dass durch die lange Lagerung des Getreides in Speichern oder Silos, das Getreide vorbehandelt werden muss. Es wird konserviert! Oft wird es auch in verschimmeltem Zustand verarbeitet oder verfüttert!

Wir versuchen, Lebensmittel ohne Konservierungsstoffe für unseren eigenen Verzehr zu kaufen. Aber bei unseren Tieren achten wir nicht darauf – wir wissen es gar nicht!

Aber auch Tiere reagieren auf Konservierungsstoffe mit Allergien, häufig mit Juckreiz, Überempfindlichkeiten und Verdauungsproblemen. Das wird Ihnen jeder Tierfreund und auch Tierarzt bestätigen. Hersteller wissen das und verzichten auf den Hinweis „mit Konservierungsstoffen haltbar gemacht". Sie haben damit sogar Recht – denn sie fügen es nicht hinzu – es ist ja bereits im Rohmaterial vorhanden und dadurch nicht kennzeichnungspflichtig nach geltenden EU-Gesetzen. Andere versetzen das Futter zusätzlich mit synthetischen Stoffen, die als Vitamin gekennzeichnet werden. Diese Stoffe sollen die Haltbarkeit des Produktes verlängern. Allerdings können sie zu Schäden an Organen führen. Man findet es unter der Bezeichnung: iVE (internationale Vitamineinheit).

Und dann sind da noch Milben, die durch die falsche Lagerung entstehen. Auch sie führen zu Allergien, beim Tier und beim Menschen!

Es wird am Markt „Sensitiv-*Trockenfutter*" angeboten. Oft kann man es direkt beim Tierarzt erwerben. Es unterscheidet sich von anderen *Futtersorten* aus dem Supermarkt hauptsächlich im Preis! Es ist viel teurer.

Dann gibt es noch Brocken oder Pellets, die in Tüten angeboten werden. Stellen wir uns vor, wie sie hergestellt werden. Von alleine werden sie nicht fest, also müssen dazu irgendwelche Stoffe verwendet werden. Welche…? Damit es interessanter aussieht werden die Brocken dann noch eingefärbt. Unfassbar. Farbstoffe gehören i.d.R. der Kategorie II und III an, wenn es um die Entsorgung geht – es ist Sondermüll! Gemüse wird grün, Getreide wird gelb, das Fleisch teilweise rot, manchmal auch braun eingefärbt.

Tiere können das *Trockenfutter* ganz schlecht verwerten und verdauen. Oft wird es einfach ausgeschieden – die wichtigen (wenn überhaupt vorhandenen!) Inhaltsstoffe können nicht in den Körper gelangen. Die Verwertung findet bei uns Säugetieren im Darm statt, nicht wie oft angenommen wird, im Magen. Die Schadstoffe verhindern eine Bioverfügbarkeit der Inhaltsstoffe (wenn vorhanden). Am Stuhl des Tieres kann man erkennen, wie gut die Nahrung oder wie schlecht das *Futter* war!

Lesenswert in diesem Zusammenhang sind Berichte über die Hyperaktivität bei Hunden.

Schauen wir nun einmal auf eine verständliche Übersicht diverser Inhaltsstoffe und anderer Angaben, die ich Ihnen zusammengetragen habe.

Inhaltsangaben

Haltbarkeit

Das *Futter* in Dosen oder in Tüten muss haltbar gemacht werden. Dazu verwendet der Hersteller oft hochgradig giftige und schädliche chemische, antioxidative Stoffe. Beispielsweise BHA (E 320), Butylhydroxyanisol, die Einnahme sehr großer Mengen führte zu Magen- und Leberkrebs bei Mäusen, und Propylgallat (E 310). Dann noch BHT, Butylhydroxytoluol (E 321) ist eine chemische Verbindung aus der Gruppe der Toluolderivate, die in der Natur nicht vorkommt, aber industriell in erheblichen Mengen hergestellt und verwendet wird. Es ist eine farblose, charakteristisch riechende, flüchtige Flüssigkeit, die in vielen ihrer Eigenschaften dem Benzol ähnelt. Toluol ist ein aromatischer Kohlenwasserstoff, häufig ersetzt es als Lösungsmittel das giftige Benzol. Es ist unter anderem auch im Benzin enthalten. Es dient vor allem als Antioxidans, um Veränderungen von Produkten durch Luftsauerstoff zu verhindern oder zu verlangsamen.

Diese Toxine werden auf der Verpackung meist in kleiner Schrift am Ende der Inhaltsstoffangaben unter dem Begriff „EG-Zusatzstoffe" deklariert.

Sie werden sich wundern, wie oft Sie diese Stoffe entdecken. Sie haben einen Internetzugang? Dann suchen

Sie doch selbst einmal nach den vielen unterschiedlichen Begriffen und befragen Sie Google. Sie werden sich wundern, was Sie dort alles lesen können!

Fleischanteil und tierische Nebenerzeugnisse

Oft finden sich Angaben auf Tüten oder Dosen wie:

mind. 4% vom z.B. Rind oder Geflügel.

Das bedeutet, dass auch nur diese Menge enthalten ist. Es kann sich dabei um

Häute, Fette, Hufe, Füße, Köpfe, Sehnen, Gedärme, Fell, Klauen, Blut, Federn, Hörner, Drüsensekrete, Schlachtabfälle, Hormone aus dem Inneren - aus Fruchtblasen, Gehirn, Urin, Mägen, Nieren, Knochen und Tiermehl handeln. Das ist laut Deutschem Lebensmittelgesetz erlaubt.

Schauen wir dabei noch einmal auf die tierischen Nebenerzeugnisse. Zuerst einmal, sind das alles Teile, die für den menschlichen Verzehr **nicht** geeignet sind. Aber, auch unsere Lieblinge sollten doch hochwertig und gesund ernährt werden!

Stellen Sie sich vor, Tausende von Tieren verenden; zum Beispiel im Straßenverkehr, oder sie werden beim

Tierarzt eingeschläfert. Im Garten dürfen Sie Ihren Liebling nicht vergraben, das würde das Grundwasser mit Toxinen vergiften! Darum werden die Kadaver zu sogenannten Abdeckereien (Wasenmeistereien) gebracht. Es wurden dann früher dort Fette, Leim, also Kleister, Seifen und Salmiak hergestellt. Diese toten Tiere gelangen aber zurück in den Futterkreislauf. Es wurden in Leckerlis aus getrockneten Hälsen Schnallen von Tierhalsbändern gefunden!!!!! Erlauben Sie mir den Hinweis auf die BSE–Erkrankung, die auch so entstand.

Dann gibt es jede Menge Lebensmittel aus Supermärkten und Küchen, die verdorben sind und so im *Futter* landen. So kann man günstig Müll entsorgen!

Außerdem wird aus den Innereien in der Tierkörperbeseitigung das Fett herausgelassen und zu Grieben verarbeitet. Auch diese landen dann im *Tierfutter*.

Bei dem Zusatz Nebenprodukte aus Geflügel denken Sie an Hühnerklein, Mägen, Herzen und an andere Organe. Wirklich verstecken sich aber dahinter Köpfe, Blut, Füße, aber auch Eingeweide, Urin und Federn. Und dann bitte denken Sie an die Medikamente und die Chemikalien, mit denen Hühner heute in Legebatterien vollgestopft werden. Auch diese „toten Hühner" landen in der Tiernahrung.

Heute werden dort auch die männlichen Küken entsorgt. Man benötigt sie nicht, da sie ja keine Eier legen. Gleich nach dem Schlüpfen werden sie getötet.

Und wenn das immer noch nicht reicht, damit Ihnen schlecht wird: Es wird auch Hühnermist verfüttert! Nicht pur, aber beigemischt, man liest z.B. bis zu etwa 40%.

Tiermehl oder Fleischmehl - Blutmehl

Seit 2001 darf in Deutschland kein Tiermehl mehr an Nutztiere verfüttert werden. Hunde und Katzen sind aber keine Nutztiere, somit findet es sich weiterhin im *Tierfutter*! Es stammt meist aus Tierverwertungsanstalten, also aus der Abdeckerei!

Es gäbe durchaus auch „gutes" Fleischmehl. Würde man hochwertiges Geflügel trocknen und mahlen und dem *Tierfutter* zufügen.

In der Realität stammt Tiermehl aber aus Abfällen. Wird es nicht näher bezeichnet, kann es fast alles enthalten, auch Schlachtabfälle vom Schwein. Diese enthalten einen ganzen Hormoncocktail und jede Menge Antibiotika: gegen Stress, für besseres Wachstum, gegen Ansteckungen, gegen alle möglichen Erreger usw. Noch immer dürfen in Deutschland, den Niederlanden und in Belgien diese Hormone dem *Tierfutter* beigemischt werden. In einigen Ländern ist es verboten, in Schweden darf man aber die Mittel per Injektion, also per Spritze verabreichen. Nachweislich wurde bei Untersuchungen in Frankreich und in den Niederlanden sogar Klärschlamm im Futter gefunden.

Ich höre Sie gerade sagen: Hier steht aber Geflügelmehl!

Das ist auch nicht besser, denn es ist aus keinem reinen Fleisch hergestellt. Nur Nebenprodukte sind enthalten. Sie erinnern sich? Alles vom Huhn, was nicht Fleisch ist – Federn in großem Umfang!, Blut, Schnäbel, Füße, Köpfe, Gedärme ...

Und dann gibt es eben auch noch Blutmehl, wie der Name schon sagt, getrocknetes und zermahlenes Blut. Dabei ist völlig unklar, welche Herkunft es hat ...

Fleisch-Hydrolysat

„Hydro" zeigt uns schon mal an, dass es sich hier um einen Stoff handelt, der etwas mit Wasser zu tun hat. Das ist ein Fleischersatzstoff. Ein Eiweißpulver wird mit Wasser vermischt und daraus entsteht das Kunstfleisch! Häufig wird dieses Kunstzeug als Aroma beigemengt – das hat dann den Anschein, hier wäre Fleisch enthalten.

Fischmehl

Und zu guter Letzt, auch Fischmehl findet sich im *Futter*. Hier finden sich auch die Nebenprodukte wieder, also Schuppen, Innereien, Flossen und wenn es ganz gut kommt, vielleicht etwas Gutes vom Fisch. Hoffentlich!

Kleines Resümee zum Fleischanteil:

Unsere Lieben benötigen mindestens 60 bis 65% Fleisch um sich gesund zu ernähren! Also, 2/3 des Inhalts sollten aus Fleisch bestehen.

Fette - Öle

Zuerst stelle ich mir die Frage, während ich für dieses Buch recherchiere:

„Muss da Fett ins *Futter*?"

NEIN.

Denken wir einmal an unsere Küche. Wenn Sie ein richtig schönes Stück Fleisch von Schlachter Ihres Vertrauens kaufen, stellen wir uns einmal ein Steak vor, wie sieht das aus? Dunkelrotes Fleisch, zart marmoriert und, das sagt mein Schlachter immer, mit einem kleinen Fettrand; denn es soll ja schmecken! Fett ist ein Geschmacksverstärker. Und es sorgt dafür, dass es beim Braten nicht knochentrocken wird.

Jetzt schauen wir auf die Nahrung unserer Vierbeiner. Würde man hochwertiges Fleisch verwenden, gäbe es denselben Effekt wie bei unserem Steak. Was ich jedoch herausgefunden habe, möchte ich hier beschreiben.

Wenn es nicht ausdrücklich deklariert ist, z. B. als Distelöl, dann könnte es sich auch eventuell um Fette, die aus Abfall gewonnen werden, handeln. Also, aus einer Tierkörperbeseitigungsanlage. Bei der Herstellung müssen die Fette dehydriert werden. Anders ausgedrückt, es wird ihnen die Feuchtigkeit entzogen, sie werden getrocknet, können dadurch schneller ranzig werden. Ranziges Fett ist u. a. ein Auslöser von Krebserkrankungen, Tumorbildung und geht bis hin zur Herzinsuffizienz. Es kann sich dabei auch schon mal um altes Frittenfett handeln … Es gab vor Jahren einen Dioxinskandal in Belgien, Sie werden sich erinnern, der genau durch solches Fett ausgelöst wurde. Außerdem ergaben Untersuchungen, dass Fett im Futter, deklariert als „Futterfette", oft mit hohen Anteilen von Mineralöl verseucht ist. Dann finden Sie auch den Begriff Grieben. Unsere Omas haben früher Grieben in der Pfanne ausgelassen und dann aufs Schwarzbrot oder ins Schmalz gegeben. Im Tierfutter ist es allerdings ein Begriff, der uns sagt, dass es sich hier um ein Abfallprodukt aus der Talgproduktion der Tierkörperbeseitigungsanlage handelt. Es gehört nicht in das *Futter* und schon gar nicht in artgerechte Ernährung.

Ebenso taucht der Begriff „Rohfett" auf. Jedes Stück, egal ob Fleisch oder Pflanze, hat einen Anteil an Rohfett. Dabei ist die Herkunft oder die Qualität egal. Auch ein altes, verarbeitetes Altöl hat einen Rohfettanteil!

Füllstoffe

Brauchen wir Füllstoffe in der Tiernahrung? NEIN! Was aber sind Füllstoffe? Sie werden sehen: Füllstoffe, wohin man schaut. Was sind Füllstoffe? Dazu gehören Sojamehl, Maismehl, große Mengen Erdnussschalen, Hühnerfedern, Abfälle aus der Cerealien- und Müsliproduktion, Pflanzen- und Getreidemehle.

Heute wird ja fast alles wissenschaftlich untersucht, so auch allergieauslösende Stoffe bei Hunden und Katzen. In den meisten Fällen, ergab die Untersuchung, sind dafür die im *Futter* enthaltenen Abfallprodukte von Getreide und Mais dafür verantwortlich. Vor allem aber auch Soja und Reste aus der Tapetenkleisterproduktion (Maisgluten, Maisstärkereste).

Maismehl besteht im besten Fall aus einem gemahlenen Maiskolben. Ob es sich dabei um gentechnisch manipuliertes Saatgut handelt, Sie wissen es selbst, kann man ja nicht erkennen! Untersuchungen haben jedoch ergeben, dass circa 80 % des Sojas, sowie der überwiegende Teil des Weizens und des Futtermaises aus den USA stammen. Dabei handelt es sich immer um genmanipuliertes Saatgut.

Manchmal werden Sie auch den Begriff Maiskeim finden. Das ist sehr hochwertig, aber es darf nicht erhitzt werden. Da aber das Futter bei der Herstellung stark erhitzt wird, ist das nicht wirklich effektiv!

Dann lesen Sie ab und an auch Erbsenkleie. Dieses ist ein Abfallprodukt, das bei der Herstellung von Erbsenmehl zurückbleibt. Es handelt sich um Erbsenschalen, die anfallen, wenn die Erbsen geschält und gereinigt werden.

Wenn Sie den Begriff „Cerealien" entdecken, denken Sie an Müsli? Hierbei handelt es sich jedoch um die Abfallprodukte aus der Herstellung dieses Müslis. Hunde und Katzen brauchen jedoch weder Müsli noch die Rückstände der Herstellung dieser Produkte.

Und ich fand den Begriff: Trockenmoor! Man könnte es auch Torf nennen … … Guten Appetit!

Zucker - Zuckerrübenbrei

Bei der Verarbeitung von Rüben in den Zuckerrübenfabriken fällt dieser klebrige und eiweißhaltige Brei an. Er bewirkt im Körper eine Speicherung aller aufgenommenen Gifte (aus der Nahrung, aus dem Wasser, aus der Luft). Unser Körper (und auch der Körper der Tiere) kann mit Giften so gar nichts anfangen. Leider scheidet der Organismus die Gifte nicht einfach aus, sondern speichert sie ab in Organen, im Darm, in Gelenken und in den Schleimhäuten. Dieser Zuckerrübenbrei verhindert durch die Speicherung die Ausscheidung der Gifte. Ein vom Körper angeregter Durchfall bleibt ohne Resultat. Dadurch kann eine Überfunktion der Nieren und der Leber erfolgen. Sie sind ständig damit beschäftigt die Stoffe abzubauen.

Zuckerrübenbrei entsteht bei der Verarbeitung der Rüben. Sie werden geschält und vom Kraut befreit. Dieser Abfall, mit Wasser und Schlamm vermengt, hat eine braune Farbe. Braun ist auch die Farbe des Trockenfutters. Die Süße gibt es dazu. Sie dient als Geschmacksverstärker und ist auch noch gratis.

Zuckerrübentrockenschnitzel

Dieses ist, wie nicht anders zu erwarten, auch ein Nebenprodukt der Zuckergewinnung aus Rüben. Die Schnitzel werden getrocknet und in Kraftfutter von

Pferden und Rindern beigemengt. Im *Hunde-* oder *Katzenfutter* hat es nichts verloren! Es ist minderwertig und nutzlos bei der Ernährung Ihrer Lieblinge.

Mit dem Begriff „*Schnitzel*" sind hier Abfall-*Schnipsel* gemeint. Es sind die zerkleinerten Reste aus der Zuckerrübenproduktion und hat nichts mit dem Begriff „Schnitzel" als Fleisch zu tun.

Zucker in jeder Form hat in der Tiernahrung für Hund und Katze nichts verloren. Neben Zucker wird manchmal auch Karamell (erhitzter Zucker) zur Geschmacksverbesserung zugefügt. Aber auch hier sind es wieder die Abfallreste aus der Produktion – vielleicht vom Boden aufgefegt aus der Herstellung vom Müsli-Riegeln… Auch wird die Konsistenz des *Futters* dadurch verbessert, es wird geschmeidiger. Es wird propagiert, die braunen Kugeln sollen beim Kauen den am Gebiss vorhandenen Zahnstein entfernen. Aber ein Raubtier kann es aufgrund seines Scherengebisses gar nicht kauen. Die Trockenfutterreste lagern sich jetzt zwischen den Zähnen ab und fördern den Zahnstein. Solche Aussagen sind also falsch oder eventuell lanciert.

Weiter gibt es den Begriff Melasse. Es ist ein Nebenprodukt der Zuckerherstellung und besteht zur Hälfte aus Saccharose, also aus Rohrzucker. Und dann noch Aspartam, der bekannteste Zuckerersatzstoff - bekannt als Süßstoff in Form kleiner Tabletten aus dem Spender. Auch diese Begriffe finden sich auf Tüten und Dosen. Es ist immer nur ein anderer Begriff für Zucker. Ich habe auch den Begriff Rüben - Mark gefunden. Die Hersteller lassen sich immer neue Begriffe einfallen, um die Verbraucher zu täuschen.

Pflanzliche Nebenerzeugnisse

Leider ist das wieder so ein Begriff, der mehr verspricht, als er hält.

Es gibt Gemüseabfälle aus der Lebensmittelherstellung. Alles das, was eben nicht mehr für den menschlichen Verzehr geeignet ist. Entweder, weil es welk ist, schlecht oder ungenießbar. Es ist bekannt, dass ein großes Unternehmen aus dem Bereich der Fastfoodketten sein verbrauchtes Frittieröl zur Weiterverarbeitung an Tierfutterfabrikanten verkauft. Dann findet man Soja in jeder Form. Das hat Kostengründe, da Soja sehr günstig ist. Man findet es sehr häufig im minderwertigen Futter. Aber vorsichtig! Besonders Katzen leiden unter Soja. Es ist für sie ganz schwer verdaulich.

Die Industrie versucht mit allen Mitteln, den Tierhaltern etwas vorzugaukeln. So wird das Futter mit Rote Bete Saft eingefärbt. Wenn der Kot des Tieres dunkel ist, denken Sie, da war bestimmt viel Fleisch im Fressen enthalten. Irrtum, es war der Farbstoff der Roten Bete.

Es werden Schalen von Nüssen und Stroh, gemahlen und beigemengt. Sie finden diese Inhaltsstoffe unter der Bezeichnung „Cellulose". Das sind in jedem Fall unverdauliche Stoffe. Darunter auch Abfälle aus der Getreideherstellung und Papier. Cellulose ist bedeutend als Rohstoff zur Papierherstellung.

Alles dient nur dazu, die Dose oder den Sack kostengünstig zu füllen! Es sind ganz klar Füllstoffe, die nicht in eine artgerechte Nahrung gehören, auch nicht alle Arten von Getreidemehlen!

Diese Füllstoffe sind sehr häufig Auslöser von Allergien bei Tieren.

Gemüse – Obst

Oft wird dieser Anteil nur einfach in % - Anteil Gemüse deklariert. Es sollten so etwa 10 % sein, dazu gehören auch Kräuter.

Auf keinen Fall gehört in die Tiernahrung jede Form von Hülsenfrüchten. Diese führen bei den Vierbeinern zu Verdauungsproblemen. In guter Tiernahrung finden sich zum Beispiel Karotten und Kartoffeln. Es eignet sich aber auch durchaus Brokkoli. Das ist immer davon abhängig, was saisonal zur Verfügung steht.

Vitamine

Das ist ein Thema, was mir persönlich sehr am Herzen liegt. Da ich auch als Gesundheits-Coach für Menschen arbeite, kann ich zu Vitaminen sehr viel berichten!

In die Tiernahrung – das *Tierfutter* gehören ausschließlich natürliche Vitamine. Sie stammen bei hochwertiger Nahrung vom Fleisch, Gemüse und vom Obst.

So etwas habe ich auf einer Futtertüte gefunden:

Vergleichen Sie mal selbst!

- ➢ Ernährungsphysiologische Zusatzstoffe: Vitamin A 30.000,00 I.E.; Vitamin D3 1200,00 I.E.
- ➢ Cholinclorid 1900,00 mg
- ➢ Pantothensäure 12,20mg
- ➢ BHA/Propylgalat 0,009g/kg (Erklärung folgt bei EG-Zusatzstoffen)
- ➢ Nicotinsäure 27,50mg

Schauen wir uns diese Angaben gemeinsam Schritt für Schritt an.

Sie stolpern zuerst über die Angabe: iVE oder IE.

Diese Abkürzung bedeutet: internationale Vitamin Einheit. So lassen sich Inhaltsstoffe wirklich vergleichen.

Genaue Erkenntnisse, wie viele Einheiten ein Hund in seine Portion bekommen sollte, hat die Wissenschaft noch nicht. In Fachkreisen spricht man davon, dass es ein Anteil von etwa 50 – 200 iVE sein sollte (unter Vorbehalt der Ergebnisse der Forschung).

Verbildlichen wir uns die obige Angabe von 30.000 iVE einmal:

Sie haben Weihnachten gefeiert. Es gab vielleicht Karpfen mit Sahnemeerrettich. Danach sollte jetzt ein Verdauungsschnaps folgen – werden Sie denken!

Vielleicht ein Klarer aus der Kühltruhe? Dieser eine Klare stellt nun für Sie die 100 iVE da.

Was aber bei einer Angabe von 30.000 iVE? Sie müssten also 300 Klare zu sich nehmen! Ob das gut wäre? Ob das helfen würde? NEIN!

Dieses Beispiel ist willkürlich gewählt. Es soll Ihnen nur klarmachen, was diese hohen iVE bedeuten.

Und so ist es auch mit der Angabe der Vitamine. Die Industrie benötigt diese hohe Vitaminzugabe um das *Futter* haltbar zu machen. Es verhindert, dass Fett ranzig wird und dient somit zur Konservierung. Im *Trockenfutter* werden außerdem nur künstliche, also synthetische Antioxidantien verwendet. „Diesen Ausdruck kenne ich!" – höre ich Sie jetzt sagen! Genau. Sie sollen uns vor den „freien Radikalen" schützen! (Wenn Sie dazu mehr wissen möchten, ein sehr interessantes Thema, was hauptsächlich uns Menschen betrifft – melden Sie sich bei mir!)

Ascorbinsäure ist auch ein Begriff, den Sie kennen und auf dem *Futter* finden. Es handelt sich dabei um künstliches, synthetisch hergestelltes Vitamin C. Es wird zu Ihrer Irritation dann fälschlich als „natürliches Antioxidans" deklariert.

Nicotinsäure/Niacin

Es handelt sich hier um ein Vitamin aus dem B-Komplex, Vitamin B3. Es kommt in sehr vielen Nahrungsmitteln natürlicherweise vor, auch in Fisch und Fleisch. Ein Zusatz in der Nahrung ist also bei qualitativ guter Nahrung nicht erforderlich.

Cholinclorid

Auch hier handelt es sich um ein B-Vitamin, Zusatz nicht erforderlich.

Pantothensäure

Das ist Vitamin B 5 – kein Zusatz nötig, da in der natürlichen Nahrung enthalten.

Taurin

Es wird angenommen, dass der Tauringehalt im Körper eines gesunden Menschen von 70 kg Körpergewicht zwischen 30 und 70 g liegt, wobei davon ca. 75 % in den Muskelzellen vorliegen, der Rest vor allem in Gehirn, Herz und Blut. Ein gesunder Mensch hat somit zwischen 0,43 und 1 g Taurin je 1 kg Körpergewicht im Körper. Muttermilch enthält eine Konzentration zwischen 25 und 50 Milligramm Taurin pro Liter.

Taurin ist ein starkes Antioxidans und kann Gewebe vor oxidativen Schäden schützen. Eine niedrige intramuskuläre Konzentration ist bezeichnend für chronisches Nierenversagen. Es führt im Körper zu Störungen des Immunsystems. Ob es beim Menschen zugeführt soll, ist noch nicht abschließend erforscht.

Hunde können Taurin selbst herstellen. Katzen bilden nur geringe Mengen, weshalb sie Taurin als Nährstoff aus ihrer Nahrung aufnehmen müssen. Ernähren Sie sich selbst, in der freien Natur, decken sie den Taurinbedarf aus ihrer Beute.

Taurin beeinflusst zahlreiche Stoffwechselvorgänge, hat aber bei Katzen besonders wichtige Aufgaben in Bezug auf die Augen und das Herz. An diesen beiden Organen sind die Taurinkonzentrationen 100- bis 400mal höher als im restlichen Körper. Kommt es zu einem dauerhaften Mangel, können Katzen erblinden oder sogar an einer Herzmuskelschwäche erkranken. Zusätzlich kann es bei weiblichen Katzen zu Fruchtbarkeitsstörungen kommen.

Der hohe Bedarf an Taurin ist für die Katze ein Problem. Denn Katzen sind nicht nur unfähig, selber ausreichend Taurin zu produzieren, sie verschwenden es auch noch, weil sie es für die Verdauung benötigen. Leider geht damit auch ein Großteil mit dem Kot verloren. Anders als andere Säuger bilden Katzen Gallensalze nämlich ausschließlich mit Taurin und können nicht auf alternative Aminosäuren zurückgreifen. Gallensaft ist für die Fettverdauung im Darm notwendig und kann nur teilweise wieder aus dem Darminhalt resorbiert werden, sodass immer Verluste entstehen. Offensichtlich hat es aber in der Evolution keinen Anlass gegeben, einen Mechanismus zu entwickeln, um Taurin zu sparen. Bei artgerechter proteinreicher Ernährung der Katzen wird anscheinend immer genügend Nachschub zur Verfügung gestellt. Ob Taurin während der industriellen Futterherstellung durch Hitze und andere Faktoren in Mitleidenschaft gezogen wurde und damit für die Katze nicht mehr verfügbar ist, können Sie leider nicht beim Blick auf die Zusammensetzung eines *Futters* erkennen. Wenn Taurin zugesetzt wurde, fehlt oft auch die Mengenangabe. Diese sollte bei 1000 mg/kg liegen. Aus diesem Grunde ist es auch nicht ratsam, Katzen nur selbst zu bekochen und/oder Essensreste zu geben. Auch *Hundefutter* reicht daher nicht aus, da dort gar kein Taurin enthalten ist.

EG (oder EWG) – Zusatzstoffe

Das ist ein ganz weitreichendes Thema. Wir werden uns ganz langsam und Schritt für Schritt durch die vielen Stoffe arbeiten.

Man findet hier also

- Chemische Antioxidantien
- Emulgatoren
- Stabilisatoren
- Chemische Lockstoffe
- Chemische Farbstoffe
- Chemische Aromastoffe
- Chemische Bindemittel
- Chemische Verdickungsmittel

Ganz schön viel Chemie, geht es hier doch um die Ernährung unserer Haustiere.

BHA – Butylhydroxyanisol E 320

BHT – Butylhydroxytoluol E 321

Es handelt sich bei diesen Stoffen um Antioxidantien. Diese stehen in Verdacht, Allergien auszulösen und zusätzlich organische Veränderungen hervorzurufen. Also bedenklich! In einigen Teilen Europas sind sie daher bereits verboten.

Carrageen - E 407

Hierbei handelt es sich um ein Verdickungs- und Geliermittel. In verschiedenen Versuchen stellte man bei der Gabe von E 407 die Bildung von Geschwüren bei Tieren fest. Dazu kommen Veränderungen am Immunsystem. Der Stoff ist allergieauslösend. Neueste Studien zeigen auch einen Zusammenhang bei Gebärmutterhalskrebs. (Weitere Infos finden Sie bei Interesse auf der Website www.food-detektiv.de)

Calciumsorbat - E 203

Calciumsorbat ist das Calciumsalz der Sorbinsäure, es wird künstlich hergestellt und als Konservierungsstoff verwendet. Es soll u. a. Schimmelbildung verhindern.

Gelatine

Sie kennen sie alle und nutzen sie sicherlich auch zu Hause als Verdickungsmittel. Hergestellt wird sie aus Schweineschwarten. In die Ernährung von Hund und Katze gehören aber ganz sicher keine Produkte vom Schwein!

Johannisbrotkernmehl - E 410

Es erhält seinen Einsatz als Stärke- und Bindemittel, es entzieht also Wasser. Bei Durchfällen kann dieses Naturprodukt durchaus sinnvoll sein. In der Industrie wird es aber leider vorbeugend eingearbeitet. So wird der Kot der Tiere fester, was allerdings keinen Sinn ergibt. Leider wird der Stoff heute auch schon synthetisch hergestellt!

Kaliumsorbat E 202

Es handelt sich um das Kaliumsalz der Sorbinsäure. Gewonnen wird es aus den unreifen Früchten der Eberesche. Es dient ebenfalls als Konservierungsstoff und kann auch als Geschmacksstoff eingesetzt werden. Auch hier verwendet die Industrie in der Regel synthetisch hergestellte Mittel.

Sorbinsäure

Wir reden immer von Sorbinsäure. Was ist das denn eigentlich? Es handelt sich um ein Konservierungsmittel, das unter der Bezeichnung E 200 geführt wird und eine EU–Lebensmittelzulassung hat.

Die erlaubte Tagesdosis beim Menschen für Sorbinsäure liegt laut Wikipedia bei 0–25 mg/kg. Da dieser Stoff fast überall enthalten ist, werden diese Mengen auch von uns leicht überschritten!

Lecithin E 322

Lecithine erlauben das Emulgieren von Fett und Wasser, also vereinfacht ausgedrückt: sie ermöglichen das Vermischen. Ursprünglich aus dem Öl der Sojabohne gewonnen, werden sie heute, wie nicht anders zu erwarten war, künstlich hergestellt.

Natriumhexametaphosphat / Natriumnitrit E 250

Das Natriumsalz der salpetrigen Säure ist nur unter bestimmten Auflagen als Konservierungsstoff zugelassen. Im Gemisch mit Kochsalz wird es zum Pökeln verwendet, darf dabei aber nur bis zu 0,5% ausmachen. In Mischungen mit über 5% wirkt es giftig, auch in geringeren Konzentrationen soll es krebserregend wirken. Es sorgt für eine gleichbleibende Farbe im Fleisch und soll Bakterienbildung verhindern.

Natriumsorbat - E 201

Natriumsorbat ist ein Antioxidans, das mittlerweile nicht mehr zugelassen ist, da es in Verdacht steht, erbgut-verändernd zu wirken. Werfen Sie doch mal einen Blick auf die Verpackung, die Sie jetzt gerade zu Hause haben.

Natriumsulfat - E 514

Das kennen Sie ganz sicher, wenn auch unter dem Namen Glaubersalz. Es wird als Abführmittel verwendet. In Lebensmitteln wird es als Säureregulator verwendet. Es kann aber bei regelmäßiger Einnahme zu Nierenschäden führen. Wieder ein Konservierungsstoff, den wir in der artgerechten Tiernahrung nicht benötigen.

Pektine

Pektine sind ein beliebtes Gelier- und Verdickungsmittel. Sie werden meist aus Pressrückständen von Äpfeln, Zitrusfrüchten oder Rübentrester gewonnen und sind für den Menschen unbedenklich. Im Tierfutter sorgen sie dagegen für einen festen Stuhl, also festen Kotabgang.

Gallat

Es gibt drei Arten:

- ➢ Propylgallat - E 310
- ➢ Octylgallat - E 311
- ➢ Dodecylgallat - E 312

Es handelt sich um Konservierungsstoffe. Die erlaubte Tagesdosis liegt beim Menschen bei 0,5 mg. Der Stoff ist jedoch in sehr vielen Lebensmitteln enthalten. Bei einer zu hohen Dosis kann es zu einer Zyanose kommen. Unter einer Zyanose versteht man die Blaufärbung von Haut, Schleimhaut, Lippen und Nägeln. Die Ursache ist eine Unterversorgung des Blutes mit Sauerstoff. Es kann durchaus zu lebensbedrohlichen Störungen kommen!

Bei Tieren löst es außerdem Allergien aus!

Tocopherol

Tocopherol ist Vitamin E und wird als Konservierungsmittel eingesetzt.

Amaranth - E 123

Amaranth hat nichts mit dem südamerikanischen Getreide gleichen Namens zu tun. Hierbei handelt es sich um einen Farbstoff, der Lebensmitteln einen appetitlichen Rotton verleiht. In Amerika ist E 123 nicht als Lebensmittelfarbstoff zugelassen, weil der Verdacht besteht, dass er Pseudoallergien, Hautreaktionen und Asthma auslösen kann. Er wird künstlich aus Derivaten des Erdöls hergestellt.

Aspartam - E 951

Der synthetisch hergestellte Süßstoff ist gemeint, wenn auf dem Etikett die Bezeichnung E 951 steht. In Kaugummis und süßen, kalorienarmen Getränken wird Aspartam häufig als Zucker-Ersatzstoff verwendet. Süßstoff ist weniger energiereich und weniger schädlich für die Zahngesundheit als Zucker und wurde vom Bundesinstitut für Risikobewertung als unbedenklich befunden. Dennoch steht gerade Aspartam immer wieder im

Mittelpunkt von Presse und wissenschaftlichen Studien, insbesondere wegen des bislang nicht eindeutig bestätigten Verdachts, krebserregend oder -begünstigend zu wirken.

In Tiernahrung gehört allerdings keine Art von Zucker oder Zuckerersatz!!

Erythrosin - E 127

Dieser künstlich hergestellte, stark jodhaltige Farbstoff soll Lebensmittel appetitlich rosa-rot färben. Er ist umstritten, da er in Verdacht steht, Allergien auszulösen, die Schilddrüsenfunktion zu beeinflussen und Krebs zu verursachen. Daher ist Erythrosin auch nur noch sehr eingeschränkt zugelassen – beispielsweise in Cocktailkirschen, Lippenstiften oder eben in *Tierfutter*. Der Eingriff in die Schilddrüsenfunktion soll z. B. unkontrollierte Impulsivität von hyperaktiven Kindern auslösen können.

Glycin - E 640

Glycin ist eine süßliche Aminosäure, die als Geschmacksverstärker eingesetzt wird. Gesundheitliche Nebenwirkungen sind bislang nicht bekannt. Ein Zusatz in richtiger Tiernahrung ist jedoch nicht erforderlich, da der Stoff in artgerechter Nahrung ganz von alleine enthalten ist.

Hundefutter enthält oft sogenannte „sensorische Zusatzstoffe": Natürliche oder synthetisch hergestellte Substanzen, die den Appetit anregen, geschmacksverstärkend wirken oder eine für uns Hundehalter angenehme Färbung verursachen.

Lactoflavin - Riboflavin

Lactoflavin wird als Farbstoff in Lebensmitteln eingesetzt. Es wird als Vitamin B2 bezeichnet und es ist grundsätzlich unbedenklich, aber der Zusatz in der Tiernahrung ist nicht erforderlich.

Natürliche Aromastoffe

Natürliche Aromastoffe werden, wie der Name schon sagt, aus natürlichen Aromaträgern hergestellt. Das heißt allerdings nicht, dass ein bestimmtes Aroma aus dem entsprechenden natürlichen Grundstoff gewonnen wurde - beispielsweise Himbeergeschmack aus einer Himbeere. Es gibt circa 200 verschiedene Basiskomponenten natürlichen Ursprungs – meist ätherische Öle von Pflanzen – die in verschiedenen Kompositionen dann verschiedene Geschmacksrichtungen ergeben. Aus wirtschaftlichen Gründen ist es nur in sehr wenigen Fällen möglich, einen bestimmten Geschmack tatsächlich aus dem direkt bezeichneten Geschmacksträger zu gewinnen. Würde es wirklich aus der Himbeere stammen, stünde auf der Verpackung dann: mit Himbeeraroma. Beispiele dazu gibt es genügend: Der Geschmack im Erdbeerjoghurt stammt aus australischer Baumrinde. Wir benötigen jedoch gar keine Aromastoffe in guter Tiernahrung.

Naturidentische Aromastoffe

Unter sogenannten naturidentischen Aromastoffen versteht man ein künstlich hergestelltes Aroma, das einem in der Natur vorkommenden Aroma in chemischer Hinsicht gleicht. Das gehört erst recht nicht in die Ernährung unserer Fellnasen.

Künstliche Aromastoffe

Künstliche Aromastoffe werden rein synthetisch hergestellt und aufgrund ihres Geschmacks verwendet. Sie werden jedoch weder aus natürlichen Rohstoffen gewonnen noch gleichen sie chemisch einem in der Natur vorkommenden Geschmacksträger. Gehört nicht in die Nahrung unserer Tiere!

Und dann gibt es noch ganz viele Stoffe, bei denen ich mich gefragt habe:

„Warum finden sich diese Zusätze überhaupt im *Tierfutter*?"

Lassen Sie uns einige davon genauer betrachten!

Sonstige Zusatzstoffe

Geschmacksverstärker

Hier können verschiedene Stoffe versteckt sein. Es kann sich um natürliche Stoffe wie Zucker oder Karamell handeln, es können aber auch künstliche Stoffe sein. Wir sind uns einig, weder der eine noch der andere Stoff gehört in artgerechte Tiernahrung.

Selen

Selen ist ein essentielles Spurenelement für Menschen und Tiere. In der Milchviehfütterung wird Selen zugesetzt, da der natürliche Selengehalt der Futtermittel oft nicht zur Versorgung der Nutztiere ausreicht. Das deutsche Futtermittelrecht erwähnt zur Ergänzung der Selenversorgung nur die beiden anorganischen Selenquellen Natriumselenit und -selenat als Futterzusatzstoffe. Diese beiden Verbindungen sind ökonomisch sehr günstig, stehen aber aufgrund der geringen Bioverfügbarkeit für den Organismus aktuell in der Kritik. Selen wirkt in höheren Konzentrationen jedoch stark toxisch. Ein Zusatz im *Tierfutter* ist nicht erforderlich.

Reis

Ein biologischer reiner Reis ist eine ideale Beimischung der Kost für den Vierbeiner. Allerdings finden sich im konventionellen *Futter* des Supermarktes ganz andere Inhaltsstoffe.

Braureis oder Bierreis

Sowohl bei der Herstellung von Reis, wie auch bei der Produktion von Bier fallen Abfallprodukte an. Sie sind unter dem Namen Schmachtkorn bekannt. Das können Hülsen oder unreife Körner sein, angefressene Körner oder einfach Teile, die nicht hineingehören. Das alles ist Abfall! Es gehört in kein *Tierfutter* und in keine artgerechte Tiernahrung.

Kasein - Casein

Es handelt sich hier um einen Proteinanteil der Milch, der zur Käseherstellung genutzt wird. Das Protein kann beim Menschen und beim Tier Allergien auslösen. Es ist kein erforderlicher Bestandteil hochwertiger Tiernahrung.

Kleiber – Kleber

Ein Getreidekorn besteht aus dem Mehlkörper, dem Keimling und den verwachsenen Teilen Samenschale und Fruchtwand. Zwischen dem Mehlkörper und der

Schale liegt die Aleuronschicht. Sie ist eiweißhaltig. Bekannt auch unter dem Namen Kleiber oder Gluten!

Glutenfrei sind nur Reis, Hirse, das gute Amaranth und Hafer. Oft wird Gluten versteckt im *Futter* als Nebenprodukt deklariert. Nicht nur der Mensch kann darauf negativ reagieren, auch Tiere können daran erkranken. Es kann zu einer Zöliakie kommen. Dabei handelt es sich um eine Erkrankung der Dünndarmschleimhaut.

Topinambur

Hierbei handelt es sich um eine Futterpflanze, die an Pferde, Schweine, Schafe und an Wild verfüttert wird. Der Stoff aus der auch als „Erdbirne" bekannten Knolle soll als Hungerstiller dienen. Daher findet man ihn oft auch in „Diätfutter".

Trigonellin

Es findet sich in Kaffeebohnen. Es ist ein Bitterstoff, der durch Erhitzen zu Nikotinsäure wird. Besitzt einen hohen Anteil an Kupfer!

Schrot

Als Schrot bezeichnet man gemahlene Getreidekörner. Um welches Getreide es sich dabei handelt, ist nicht zu sehen. Vorsicht! – siehe Abschnitt Kleiber.

Muschel – Muschelsedimente

Die Extrakte aus Muscheln, vorwiegend aus der Schale, sollen den Phosphorüberschuss ausgleichen.

In der Ernährung spielt Phosphat eine wesentliche Rolle im Energiestoffwechsel und im Knochenaufbau. Es verbindet sich mit Calcium zum festen Calciumapatit. Der Phosphatspiegel ist wichtig im Zusammenhang mit dem Calciumstoffwechsel. Der Extrakt wird also als Calciumersatz beigemischt. Bei guter Nahrung ist das nicht erforderlich.

Menadion

Es gehört zu den K-Vitaminen und wird auch als Vitamin K3 bezeichnet. Es wird synthetisch hergestellt. Für den menschlichen Verzehr ist Menadion verboten!!! Im Haustierfutter ist es noch erlaubt. Warum? Es ist absolut wirkungslos und gehört in keine hochwertige Tiernahrung.

Rohasche – was ist denn das?

Zur Ermittlung des Rohaschegehaltes wird die Probe in einem Spezialofen, einem Muffelofen, bis zur Gewichtskonstanz auf 550 °C erhitzt. Dadurch werden alle organischen Bestandteile vermuffelt, also verbrannt. Der dann verbleibende Rückstand ist der Gehalt an Rohasche. Das sind abhängig von der Probe v. a. Mineralstoffe und Sand. Der Wert Gesamtmasse des Futtermittels abzüglich des Werts der Rohasche ist die organische Masse (OM). Der Anteil der Rohasche sollte niemals über 7,5 % liegen. Je höher der Wert, je minderwertiger sind die Inhaltsstoffe. Das kann zu einer Nierenbelastung führen. Auch Zahnstein kann dadurch vermehrt auftreten und auch der Knochenstoffwechsel kann gestört werden!

OM – Organische Masse

Die organische Masse setzt sich aus Rohprotein, Rohfaser, Rohfett und NfE zusammen.

Rohprotein

Rohprotein ist die Verbindung aller im Produkt enthaltenen Eiweißbestandteile. Egal welcher Herkunft, das kann aus hochwertigem Muskelfleisch oder aus Klärschlamm stammen. In der Regel wird minderwertiges Eiweiß, dazu noch pflanzliches, verwendet. Unser „Raubtiere" benötigen jedoch tierisches Eiweiß.

Rohfaser

Als Rohfaser bezeichnet man die unverdaulichen Bestandteile der Nahrung. Man sagt dazu auch Ballaststoffe. Sie sind wichtig für eine gute Verdauung. Der Anteil sollte nicht über 4 % liegen. Hierbei kann es sich leider wieder um pflanzliche Bestandteile handeln- oder leider auch um Sägemehl etc.

Handelt es sich um spezielle Diät-*Futtermittel* kann der Wert höher liegen. Ob das allerdings sinnvoll ist - ???

NfE

Zieht man von der organischen Masse die Anteile Rohfett, Rohprotein und Rohfaser ab, verbleibt der Anteil an stickstofffreien Extraktstoffen (NfE). Es handelt sich dabei um lösliche Zucker, Stärke, Pektine und organische Säuren.

Schälkleie

Hierbei handelt es sich um ein Abfallprodukt aus der Getreideverarbeitung. Es wird als Füllstoff verwendet.

Achtung Gift!

An dieser Stelle möchte ich einen kleinen Beitrag einfügen, der nichts mit der Ernährung zu tun hat, aber trotzdem sehr viel Beachtung verdient!

Es gibt zahlreiche Pflanzen, Bäume und Sträucher die auf sogenannten „roten Liste" stehen. Man nennt sie u.a. oft auch die „Hundsgiftgewächse".

Dazu gehören u.a.

> ➢ Adonisröschen
> Vergiftungsanzeichen, Atemnot, Herzversagen, führt zum Tod

> ➢ Alpenveilchen

in der Knolle mehr als am Blatt, Reizungen, Erbrechen, Durchfall

- Becherprimel
Kontaktallergen, Hautreizungen, Atembeschwerden, hält Tage an

- Birkenfeige (Ficus benjamina) und der Gummibaum
Speichelbildung, Erbrechen, Fieber, Durchfall, führt zum Koma. Bei der Katze schwere Nierenversagen

- Buchsbaum
In der Rinde und in den Blättern sind Toxine enthalten. 5 g Blätter pro kg-Hund sind tödlich!

- Christrose
Erbrechen, Durchfall, Kolik, 0,3 – 1 g der Wurzeln sind tödlich!

- Dieffenbachie
Nach Bisskontakt oder Verschlucken kann es zu Schluckbeschwerden, Erbrechen, Durchfall, Koliken kommen. 3-4 g der Blätter sind tödlich. Vorsicht auch bei Rückständen von Gießwasser!

- Efeu
  Blätter, Stängel und Beeren sind bei hoher Dosis tödlich

- Holunder
  Ein Stöckchen schmeißen: russisches Roulette.

- Hortensie
  Magen, Darm-Entzündungen, Durchfall, Kreislaufprobleme

- Lebensbaum oder Thuja
  Magen-Darm-Entzündungen, Krämpfe, Leber- u. Nierenschäden

- Oleander
  Störungen von Magen u. Darm, Erbrechen, Speichelfluss, bei großen Mengen nach wenigen Minuten tödlich!

- Rhododendron und Azalee
  Durch enthaltenes Nervengift kann es zur Atemlähmung kommen. (nicht alle Arten sind giftig)

Das ist nur ein Auszug der langen Liste der gefährlichen Pflanzen, Bäume und Sträucher. Infos im Internet.

Das sollten Sie auf keinen Fall füttern

rohe oder grüne Kartoffeln

> ➢ Sie enthalten den krebserregenden Giftstoff Solanin – gekochte Kartoffeln ohne grüne Stellen und Keimlinge sind unbedenklich.

grüne Tomaten

> ➢ Sie enthalten den krebserregenden Giftstoff Solanin – nur überreife Tomaten sind unbedenklich.

grüne Paprika

> ➢ Sie enthalten den krebserregenden Giftstoff Solanin – rote und gelbe Paprika sind unbedenklich.

Peperoni

> ➢ Sie sind schlicht zu scharf und können zu Verbrennungsescheinungen im Rachen führen.

Aubergine

> ➢ Sie enthalten den krebserregenden Giftstoff Solanin

Avocado

> Eine Avocado-Sorte ist für Hunde giftig, die Unterscheidung ist für Laien schwierig – daher besser keine!!

Hülsenfrüchte, Erbsen, Bohnen, Linsen

> Sie können schmerzhafte Blähungen verursachen.

Zwiebeln

> Vorfälle mit Vergiftungen sind bekannt, obgleich die Giftigkeit nicht erwiesen ist.

Süßigkeiten und zuckerhaltige Lebensmittel

> Sie sind schädlich für die Zahngesundheit und Verdauung, vor allem für die Arbeit der Bauchspeicheldrüse.

Schokolade

> Sie enthält neben Zucker den Wirkstoff Theobromin, der toxisch, also giftig ist.

salzhaltige Lebensmittel

> Sie sind insbesondere bei herzkranken Tieren riskant, da sie zu gefährlichen Wassereinlagerungen führen können.

<u>gewürzte Speisereste</u>

> Was von der menschlichen Mahlzeit übrig bleibt, ist für die Fellnasen meist unverträglich.

<u>rohes Schweinefleisch</u>

> Es kann grundsätzlich tödliche Viren enthalten.

<u>Kuhmilch</u>

> Der Milchzucker ist meist unverträglich und kann zu Verdauungsbeschwerden führen – besser Produkte mit reduzierter Laktose. Gegorene Milchprodukte wie Hüttenkäse oder Quark und auch Joghurt sind unbedenklich.

<u>Butter</u>

> Sie enthält spezielle Fette, die zu Durchfall und Erbrechen führen können.

<u>Beim Hund:</u>

> *Katzenfutter.* Es enthält eine für Hunde ungeeignete Nährstoffkombination: zu viel Protein,

und zu wenig Kohlenhydrate (bei hochwertiger Nahrung spielt es keine Rolle).

Bei der Katze:

> *Hundefutter.* Hier fehlt das Taurin

Fütterungsfehler erkennen

Diese Übersicht soll Ihnen helfen, Fütterungsfehler zu erkennen. Schauen Sie mit wachen Augen auf Ihren Liebling. Diese Informationen sollen Ihnen helfen, sie ersetzen keinen Besuch beim Tierarzt oder Tier-HP.

Ursachen für Übergewicht

> Das Tier bekommt mehr Energie, als es benötigt
> Minderwertiges *Futter* (falsche Inhaltsstoffe)
> Zu viel Nahrung, im Verhältnis zur aktuellen Lebensphase
> Verfütterung von Essensresten
> Zu viel Zucker im *Futter*

Ursachen für Untergewicht

> Das Tier bekommt weniger Energie zugeführt, als es benötigt – nicht artgerecht ernährt

- ➢ Minderwertiges Futter, das nicht verwertet werden kann
- ➢ Zu wenig artgerechte Nahrung – zum Beispiel bei Leistungshunden, Sporthunden, Zuchthunden, Gebrauchshunden

<u>Stumpfes, glanzloses Fell</u>

- ➢ Keine artgerechte Ernährung, daher bekommt das Tier zu wenig essentielle Nährstoffe

<u>Öliges, fettiges Fell</u>

- ➢ Das Fressen könnte zu fettig sein
- ➢ Nicht artgerechte Nahrung könnte die Ursache sein

<u>Trockene, spröde, empfindliche Haut bis hin zu Juckreiz und Ekzemen</u>

- ➢ Künstliche Zusatzstoffe in *Hundefutter* können Stoffwechselstörungen und Allergien auslösen,
- ➢ auch Futtermilben können dafür verantwortlich sein
- ➢ Unterversorgung mit Nährstoffen
- ➢ Überversorgung unterschiedlichster Stoffe

<u>Weicher, breiiger Kot, Durchfall</u>

- ➢ Anzeichen für minderwertiges Futter

➤ Manchmal auch durch z. B. Grasmilben, aus der Natur

Sehr häufiges Absetzen von Kot und große Mengen

➤ Das *Futter* kann nicht verwertet werden, aufgrund der schlechten Qualität – es wird so unverdaut wieder ausgeschieden
➤ Magen-Darm versucht die „falschen" Inhaltstoffe des *Futters* permanent auszuscheiden, es kommt zu Durchfall und/oder zu einem ständigen Absetzen von Reizkot.

Sehr harter Kot bis hin zu Verstopfung

➤ Minderwertiges *Futter* oder zu wenig Flüssigkeit (z.b. bei *Trockenfutter*!!) kann die Ursache sein.

Dehydrierung

➤ Trinkt das Tier bei der Fütterung mit *Trockenfutter* zu wenig, kann es zu Austrocknung kommen.

Verhaltensauffälligkeiten

Apathie und Phlegma, aber auch Nervosität, Reizbarkeit bis hin zu Aggression oder Ängstlichkeit können fütterungsbedingt sein.

Appetitmangel und Fressunlust

> ➢ Der Liebling frisst schlecht, er leidet - nicht durch Störungen und Krankheiten - an Appetitlosigkeit, sondern weil ihm das angebotene Fressen nicht schmeckt!

Dosenfutter

Sie haben gelernt, dass Trockenfutter nicht wirklich optimal für Ihre Lieblinge ist. Und was ist mit dem Futter aus der Dose?

Metalldosen können Schwermetalle an den Inhalt abgeben und so beim Verzehr über die Schleimhäute ins Blut gelangen. Beim Menschen genauso wie auch beim Tier. Oft sind gerade Dosen für Tiernahrung nicht beschichtet. Damit erhöht sich das Risiko einer Schwermetallvergiftung unserer Lieblinge. Die Toxine setzten sich auch im Darm ab und behindern so die Arbeit des Immunsystems.

Sie sagen: Meine Dosen sind beschichtet! Glück gehabt!

Nicht wirklich.

Die Dosen werden mit einem speziellen Kunststoff, einer Dichtungsfolie aus Epoxidharz, ausgespritzt. Dieser Stoff enthält Bisphenol A. Eine Studie an der Harvard School of Public Health in Boston ergab erschreckende Ergebnisse. Nach fünf Tagen Konservennahrung wurde im Urin ein Wert von durchschnittlich 20,8 Mikrogramm BPA pro Liter festgestellt. Vor dem Test lag der Wert bei 1,1 Mikrogramm. Auch andere Labore testeten und kamen alle übereinstimmend zu dem Ergebnis, dass Bisphenol A teilweise um das 2000 fache höher lag als erwartet!

Es handelt sich dabei um ein schleichendes Gift. Die Folge kann Unfruchtbarkeit sein.

Die Grenzwerte wurden daher einfach durch die EU (2010) erhöht; obwohl Wissenschaftler warnen. In Staaten wie Kanada ist der Zusatz von Bisphenol A verboten!

Das sollten wir auch unseren Tieren ersparen! Daher denken Sie beim Kauf daran, es gibt Tiernahrung ohne Dosen!

Das kann ich tun, damit mein Tier frisst

Ihr Liebling sollte nicht ständig Nahrung zur Verfügung haben. Bleibt ein Rest im Napf, entfernen Sie diesen nach etwa 10 Minuten. Folgt dann betteln, bleiben Sie stark! Bis zur nächsten regulären Fütterung gibt es dann auch keine Leckerchen oder irgendetwas vom Tisch.

Bei der nächsten Mahlzeit dann frische Nahrung anbieten. Diesen Weg gehen Sie, bis das Tier frisst, was Sie ihm vorsetzen!

Es kann vielleicht an Ihren Nerven zerren, aber die Gesundheit Ihres Lieblings sollte Ihnen diesen kleinen Einsatz wert sein.

Sicher ist, dass kein Tier vorsätzlich verhungert, wenn Sie ihm etwas Fressbares anbieten!
Ihr Tier hat aber gelernt, dass, wenn es die Nahrung verweigert, Sie ihm etwas anderes hin stellen.
Also, Ihr Tier hat Sie erzogen und nicht umgekehrt!

Instinkt beim Fressen?

Viele Tierhalter behaupten, der Instinkt der Tiere sei so ausgeprägt, dass sie nur Richtiges, Gesundes und Verträgliches fressen würden.

Tiere lernen nicht, dass Süßigkeiten zu Durchfall, Erbrechen oder noch Schlimmerem führen können. Trotz einer schlechten Erfahrung würden sie immer wieder Schokolade fressen.

Der richtige Napf

Am besten eignen sich Gefäße aus Glas, Keramik oder Metall.

Plastik sollten Sie nicht wählen, da sich hier schnell viele Krankheitserreger im Material festsetzen können. Das liegt einfach an der Struktur des Materials Plastik. Es kann schlecht gereinigt werden und bindet so Gerüche. Oft werden schon alleine dadurch Allergien ausgelöst! Eine regelmäßige Reinigung ist selbstverständlich. Achten Sie bitte darauf, dass keine Reinigungsrückstände im Napf verbleiben. Die Erfahrung zeigt, dass Hunde und Katzen Glas oder Keramik bevorzugen.

Soll ich immer Nahrung anbieten?

Auf keinen Fall. Ich habe bereits oben beschrieben, wie Sie es richtig machen in „das kann ich tun, damit mein Tier frisst".

Ein permanentes Angebot von Nahrung kann unterschiedliche Folgen haben.

Ihr Haustier könnte abmagern, weil es immer die Nahrung riecht und so den Appetit verliert. Dies kann sogar zu Ekel führen. Stellen Sie sich vor, ich würde Ihnen den ganzen Tag, 24 Stunden lang, Schokopudding mit ganz viel Sahne unter die Nase halten. Ständig, wo auch immer Sie sich bewegen. Sie würden es sicherlich keine 10 Stunden aushalten. So geht es auch Ihrem Liebling.

Das Tier könnte auch an Gewicht zulegen, weil es immer wieder frisst, obwohl es nicht hungrig ist.

Beides kann zu Störungen führen und das Leben Ihres Lieblings verkürzen!

Mein Tier trinkt zu wenig

Wir sollten hier erst einmal klären, wieviel ein Tier an Flüssigkeit benötigt.

Dazu eine einfache Formel als Richtwert: Pro kg Körpergewicht ca. 50 ml.

Also wiegt der Hund 20 kg benötigt er ca. 1 Liter Wasser pro Tag.

Aber! Denken Sie an einen heißen Sommer. Der Hund spielt im Garten und jagt den Tennisball! Dann darf es gerne mehr sein!

<u>Frisches</u> Wasser sollte immer bereit stehen!

Wenn Sie artgerechte Nahrung anbieten, wird der Liebling weniger trinken, als wenn Sie *Trockenfutter* füttern!

Ein Tipp, wenn Sie der Meinung sind, es sei dennoch zu wenig:

Lösen Sie etwa 20g seines leckeren Menüs in einem Liter Wasser auf und stellen ihm ein Gefäß damit hin! Versuchen Sie gerne, Ihrem Liebling eine Suppe oder einen Eintopf zuzubereiten – aus leckeren Zutaten und Anteilen seiner täglichen Nahrung.

Nun schauen Sie, was passiert!

Ist artgerechte Nahrung teurer?

Leider besteht *Tierfutter*, wie Sie lesen konnten, aus minderwertiger Qualität und aus Schlachtabfällen. Viele pflanzliche Inhaltsstoffe sind stark eiweißhaltig und somit schwer verdaulich. Dieses *Futter* wird dann einfach unverdaut ausgeschieden. Aber das Tier hat damit nicht die erforderlichen Wirkstoffe erhalten.

Ernährungsrichtwerte für Hunde:

bis 5 kg - 200 g

bis 25 kg - 400 g

bis 40 kg - 800 g

Ernährungsrichtwerte für Katzen:

bis 3,5 kg - 200 g

bis 7,0 kg - 400 g

Vorausgesetzt es handelt sich um artgerechte Nahrung, die ausreichende Inhaltsstoffe bietet! Auf minderwertigem *Futter* stehen ganz andere Angaben!!

Beispiel: Schäferhund bis 35 kg - 2,0 kg

Stellen Sie sich vor, Sie haben einen wirklich großen Hund mit gut 40 kg vor sich. Dann müssten Sie ihm etwa 2,5 kg aus der Dose anbieten. Die großen Dosen haben in der Regel 800g. Das wären dann 3 Dosen.

Solche Mengen will das Tier nicht fressen. Trotz der riesigen Mengen an *Futter* erleidet das Tier einen Mangel. In der Masse fehlen die wichtigen Inhaltsstoffe. Tierhalter und Ärzte ergänzen dann gerne das *Dosenfutter* (oder *Trockenfutter*) mit Zusatzstoffen, per *Spezialfutter*, *Ergänzungsfutter* oder sogar mit Spritzen!

Da der Tagesbedarf eines Tieres mit wertvoller Nahrung deutlich niedriger liegt, ist das Preis-Leistungs-Verhältnis in der Regel deutlich niedriger!

Und noch etwas: Ihr Liebling bekommt dann mit
<u>viel weniger viel mehr!</u>

Er setzt weniger Kot ab, hat weniger Verdauungsprobleme und Sie sparen unterm Strich. Vielleicht auch am Geld für den Tierarzt. Und Ihrem Haustier geht es eindeutig besser!

Noch ein Tipp: Je höher die Futterempfehlung des Herstellers ist, je minderwertiger ist das Futter!

Artgerechte Ernährung

Was versteht man denn nun eigentlich unter diesem Begriff? Es bedeutet, dass wir unsere Lieblinge so ernähren, wie sie es in freier Wildbahn machen würden, wenn sie denn dort leben würden. Ernährung, die ihrer Art entspricht.

BARF

Heute spricht man in Fachkreisen von BARF oder Barfen.

Was ist das eigentlich?

Oft hört man dann:

„Barfer, das sind doch diese Verrückten, die meinen, ihr Hund sei noch ein Wolf."

„Das sind doch die, die zu viel Geld haben und ihrem Hund frisches Fleisch füttern."

„Barfen, heißt das nicht, das die roh füttern?"

Nun, es heißt frei übersetzt:

Biologisch **a**rtgerechtes **r**ohes **F**utter

Das bedeutet aber nicht, dass die Hunde und Katzen nur rohes Fleisch erhalten sollten. Auch Tiere benötigen Obst, Gemüse, Eier, Salat und Knochen.

Bei Hunden barfen

Der Hund stammt vom Wolf ab, das haben wir bereits besprochen. Und wie Sie wissen, hat der Wolf auch weder *Trockenfutter* noch gegrillte Hähnchen vor der Nase! Ihnen ist auch aus der eigenen Küche bekannt, dass beim unsachgemäßen Erhitzen viele Strukturen zerstört werden, so dass wertvolle Inhaltsstoffe verloren gehen.

Und Katzen lieben Mäuse, nicht etwa Grillhähnchen! Und Hunde lieben Kaninchen, keinen Schweinebraten!

Wir wissen doch: werden Lebensmittel gekocht, werden die Inhaltsstoffe in der Regel teilweise zerstört und gehen damit ganz verloren. Deshalb kann es nicht gut sein, wenn Tiernahrung gekocht wird – also wirklich gekocht! Nahrung darf nur erhitzt werden oder besser noch, sie darf nur gegart werden.

Was unsere Tiere jedoch nicht benötigen, ist Zucker, verschimmeltes Getreide, pflanzliche Abfallprodukte, jegliche Art von Mehlen, Lignozellulose (eine nette Umschreibung für Holz!), getrocknete Zuckerrübenschnitzel (Abfallprodukt der Zuckerindustrie!), Weizenkleber, Arten von Mais-Eiweiß, Maisgluten und oft genannte Pflanzenproteinextrakte. Sie benötigen auch keinen Alkohol!

BARF ist naturgemäß das Beste für Ihren Hund. Achten Sie unbedingt auf die Hygiene bei der Herstellung der Mahlzeit.

Hunde brauchen eine ausgewogene Mischung aus Fleisch, Knochen und Innereien von drei verschiedenen Tieren. Es wird oft empfohlen, dass Hunde hochwertiges Eiweiß bekommen, aber sie brauchen auch die richtige Menge wichtiger Nährstoffe, wie Vitamin E, Zink, Fettsäuren, Calcium und Phosphor. Insbesondere Hunde brauchen das richtige Gleichgewicht von Omega-3 und Omega-6 Fettsäuren. Es reicht also nicht aus, dem Liebling einfach ein Stückchen rohes Fleisch zu geben. Wer barft, sollte sich genau erkundigen, was erforderlich ist, für die artgerechte Ernährung. Sonst kann es durch unsachgemäßes Barfen zu Schädigungen kommen. Der Tierhalter übernimmt eine große Verantwortung, ich hoffe für alle Fellnasen, dass sich jeder dessen bewusst ist.

Die Nahrung muss verschiedene Komponenten enthalten und sollte zudem auch noch abwechslungsreich sein. Sie möchten ja auch nicht täglich Kohlsuppe essen! Nur eine ausgewogene Nahrung kann langfristig Mangelerscheinungen vorbeugen.

Etwa 2/3 der Nahrung sollte tierischer Herkunft sein. Dazu gehören Fleisch, Innereien und Knochen. Die Aufteilung kann etwa 80% Fleisch - 10% Innereien - 10% Knochen betragen. Zum Einsatz kommen beim Hund Produkte vom Rind, Lamm, Pferd, Kaninchen, Geflügel, Wild und Hase. Wenn es Ihrem Liebling schmeckt, dürfen Sie gerne auch mal Fisch anbieten!

Man verwendet also von diesen Tieren das Muskelfleisch, aber auch Herz, Leber, Niere, Lunge, Pansen,

Euter. Vom Rind darf es gerne auch mal ein Ohr sein! Unser Schäferhund liebte außerdem Schwänze, die ich beim Schlachter bestellte. Muskelfleisch beinhaltet wenig essentielle (lebensnotwendige) Fettsäuren. Diese müssen unbedingt ergänzt werden.

Einen Hinweis zum Pansen: Der grüne Pansen ist in jedem Fall dem weißen Pansen vorzuziehen. Dieser ist unbehandelt und enthält die wertvollen Inhalte des Rindermagens.

Auf Verdauungsorgane anderer Tiere (oder Teile davon) sollten Sie lieber verzichten. Sie können mit Parasiten befallen sein.

Knochen liefern Ihrem Liebling wichtiges Calcium. Hier eignen sich hervorragend die weichen Knochen junger Tiere (Kalb, Lamm). Diese Knochen sind elastisch und splittern nicht. Splitter könnten schwere Verletzungen herbeiführen.

Wenn Sie harte Knochen wählen, dann nur ganz große. Diese werden dann vom Hund nur abgenagt. Spaß soll ja auch dabei sein!

Auf Röhrenknochen und Knochen vom Geflügel verzichten Sie unbedingt ganz! Vom Geflügel dürfen Sie aber gerne Hälse anbieten. Und immer auch gerne Knorpel.

Noch etwas zum Fleisch:

Niere und Leber sollten nicht zu oft gegeben werden. Diese Organe sind bekanntlich für die Entgiftung verantwortlich und arbeiten mit Vitamin A. In hoher Konzentration kann die Gabe von Vitamin A zu Vergiftungen führen.

Bei Katzen barfen

Stubentiger lieben Fische, Mäuse und Ratten! Durchaus kann man zur Abwechslung das Fleisch von Hühnern oder Kaninchen wählen. Die Menge passen Sie dem Gewicht der Katze an. Etwa 2/3 der Nahrung sollte dabei aus Fleisch bestehen, der Rest aus Gemüse. Die Hauskatze ist es nicht gewohnt, ganze Mäuse zu fressen, daher legen Sie sich am besten einen motorgetriebenen Zerkleinerer – also einen Fleischwolf und scharfe Messer zu!

Achten Sie bei der Herstellung des Katzenmahls unbedingt auf die Zugabe von Taurin. Ich habe ja bereits in einem Abschnitt darüber berichtet. Diesen lebenswichtigen Stoff kann sie selbst nicht produzieren. Taurin können Sie bestellen. Dabei ist auch hier auf die Reinheit zu achten! Fragen Sie doch einmal in Ihrer Apotheke nach, dort erhalten Sie hochwertiges Taurin.

Knochen sollten Sie, wenn überhaupt, nur von ganz jungen Tieren verwenden. Ein Knochen, der zersplittert, kann böse Verletzungen im Magen und im Darm anrichten! Versuchen Sie vielleicht Hälse von Enten oder Hühnern, die recht fleischig sein sollten.

Auch hier sollte auf keinen Fall Gemüse fehlen. Man greift da gerne zu Karotten und Kartoffeln. Sie dürfen auch gerne etwas Hüttenkäse oder Naturjoghurt zufügen.

Artgerechte Ernährung - und nun?

"Tierschutz beginnt mit einer artgerechten und gesunden Ernährung"

Sie haben schon sehr viel über schlechtes *Futter*, über Schadstoffe und Abfall im *Futter* gelesen. Ich weiß, Sie möchten jetzt endlich wissen:

Wie mache ich es denn richtig?

Es gibt verteilt im Land viele kleine Schlachtereien, die sich auch um die Herstellung von gesunder Ernährung Ihrer Lieblinge kümmern. Meist sind es die kleinen Landschlachter, die ihre Kunden aus der Umgebung mit Tiernahrung versorgen. Barfen ist die eine Möglichkeit, aber es ist auch mit Arbeit und Mühe verbunden. Und es gibt doch, ganz ehrlich, oft andere Dinge, die erledigt werden müssen. Und nicht alle Tierhalter, die gesunde und glückliche Haustiere um sich haben, barfen wirklich selbst. Leider kann man auch beim Barfen Fehler machen, wie Sie lesen konnten.

Darum möchte ich Ihnen eine echte Alternative vorstellen.

Ich verzichte an dieser Stelle darauf, auf spezielle Hersteller zu verweisen.

Wir haben am Anfang gelernt, was in einem guten Mahl für Hund und Katze enthalten sein sollte.

Noch einmal in der Wiederholung:

Das gehört in die Tiernahrung:

etwa 65 % - 75 % echtes Fleisch, etwa 10 % - 15 % Gemüse, etwa 5 % Reis oder Nudeln.

Es sollten hochwertige Zutaten sein.

Lebensmittel, die auch Sie und ich essen würden!

Beachten Sie hierzu bitte meine Website am Ende!

Wie stelle ich die Nahrung um?

Stellen Sie sich vor, Sie hätten jahrelang immer nur Kartoffelchips und Cola bekommen … Und dann sollten Sie frisches Gemüse, Kartoffeln und einen leckeren Braten essen! Auch Sie würden dann die nächsten Tage in der „Keramikabteilung" (Toilette) verbringen.

Also, ganz banal, auch Ihr Tier muss sich erst an die neue Ernährung gewöhnen. Sie riecht anders und die Beschaffenheit ist anders, das verwundert die kleine Nase!

Lassen Sie sich und ihm Zeit, falls erforderlich. Einige Tiere nehmen es sofort an und sind dann ganz glücklich, andere brauchen etwas mehr Zeit.

Es gibt verschiedene Möglichkeiten, die Sie anwenden können.

Lassen Sie Ihr Tier 1 – 2 Tage hungern. Dann können sich der Darm und der Verdauungstrakt auf ganz normale Weise entleeren. Wird die neue Nahrung dann akzeptiert, haben Sie es geschafft. Es kann dabei auch mal zu leichten Durchfällen kommen, ein Zeichen, dass sich der Darm entleert und reinigt. Je schlechter das alte *Futter* war, je größer ist die Wahrscheinlichkeit – es ist mehr Müll im Darm vorhanden!

Wissen Sie, dass Ihr Tier sehr empfindlich reagiert, dann gibt es noch die dritte Möglichkeit, wir nennen sie mal die „weiche" Umstellung.

Sie vermischen für einige Tage das alte *Futter* mit der neuen Nahrung. Dabei erhöhen Sie schrittweise den Anteil der neuen und hochwertigen Nahrung.
Es könnte dann passieren, dass der Kot etwas weicher und dünner würde – das ist normal und sollte Sie nicht beunruhigen. Es reguliert sich in kürzester Zeit, ist völlig normal und sogar sehr positiv für den Organismus, weil es reinigend wirkt. Sie sehen also, es liegt an Ihnen, wie Sie Ihren Liebling dazu bringen, gesunde und artgerechte Nahrung zu bekommen!
Ihr Tier wird es Ihnen danken!
Mit gesundem Fell, mit mehr Beweglichkeit und mit einem besseren Allgemeinzustand!

Reichen Sie niemals Nahrung aus dem Kühlschrank, sondern immer mit „Zimmertemperatur".

Fellwechsel oder was?

Der normale Fellwechsel findet zweimal im Jahr statt. Sommer – Winter, wie bei Ihnen zu Hause die Sommerjacken und Winterjacken.

Wenn Tiere ständig das Fell verlieren, liegt es ursächlich in der Regel am *Futter*. Ein minderwertiges *Futter* mit minderwertigen Proteinen kann Schuld sein. Bei artgerechter Ernährung, werden die hochwertigen Inhaltsstoffe besser verstoffwechselt, also besser vom Körper aufgenommen. Bildlich gesagt, nicht nur der Motor sondern die ganze Maschine läuft besser. Es zeigt sich nicht nur, aber auch im Fell Ihres Tieres. Hat Ihr Hund ein Unterfell (Schäferhund) dann wächst dieses wieder kräftig nach. Und auch der Fellwechsel geht besser und dauert nicht so lange an.

Wenn Sie Ihr Tier auf artgerechte Nahrung umgestellt haben, kann es sein, dass es zu einem Haarwechsel kommt. Bitte, das ist kein Grund zur Sorge! Im Gegenteil, freuen Sie sich! Ihr Freund hat jetzt so viele gute Nährstoffe erhalten, dass es endlich wieder zu einem normalen Fellwechsel kommt und das, was jetzt wächst, sieht viel besser und gesünder aus, als das alte stumpfe, glanzlose, fettige und struppige Fell!

Lagerung von Nahrung

Natürlich sollten Sie immer genügend Nachschub parat haben, damit Sie niemals in die Verlegenheit kommen, irgendwo minderwertiges *Futter* kaufen zu müssen.
Wenn Sei die Nahrung anbrechen, sollte Sie die wählen, die zur Tagesration passt. Also, wenn Ihre Katze nur 200 g benötigt, dann verwenden Sie auch nur 200 g. Oder Sie verwenden 400 g und lagern den Rest gut verschlossen, am besten in einer geruchsdichten Dose im Kühlschrank.
Auf alle Fälle sollte die Nahrung nur mit „Zimmertemperatur" angeboten werden! Niemals direkt aus dem Kühlschrank!

Was es noch gibt

Sie haben jetzt ganz viel über Ernährung bei Hund und Katze gelesen.
Ich möchte Ihnen noch einen ganz persönlichen Tipp mit auf dem Weg geben.

Ich als Naturkundlerin verzichte im Alltag bei Beschwerden, Störungen und den kleinen Wehwehchen auf Chemie.
Chemie schadet uns. Chemie schadet dem Körper und der Gesundheit. Chemie schadet auch unseren Haustieren.

Es gibt jedoch so viele Möglichkeiten, mit Wirkstoffen aus der Natur zu helfen.

Während meiner Ausbildung zur Heilpraktikerin habe ich sehr viel recherchiert. Welche Möglichkeiten bietet die Naturheilkunde eigentlich? Ich traf auf bekannte Stoffe und Behandlungsmethoden. TCM, Homöopathie und Bachblüten, aber auch Hypnose und Heilsteine.

Bis ich dann auf etwas gestoßen bin, was mich begeisterte. Was mich eine Weile sprachlos machte …
Ich konnte es zuerst nicht glauben, eines dürfen Sie mir glauben, ich bin nur sehr schwer zu überzeugen.

Ich habe für mich den Zunderschwamm, Fomes fomentarius, entdeckt.

Pilz auf dem Baum

Nun fragen Sie sich: Was hat das mit meinem Hund und mit meiner Katze zu tun?

Der Wirkstoff kann bei jedem Lebewesen zum Einsatz kommen.

Alle Resultate, die Sie bei sich erleben, wenn Sie den Zunderschwamm selbst zu sich nehmen, können Sie auch bei Ihrem Liebling entdecken!

Der Zunderschwamm kann bei allen Tieren zum Einsatz kommen. Nicht nur bei Hund und Katze. Ich selbst habe zahlreiche Erfahrungen sammeln können.

Wenn Sie mehr wissen möchten, rufen Sie mich an.
Ich berate Sie fachkompetent, ich habe viele Jahre Erfahrung mit den Produkten. Infos auch auf der Website.

Schlusswort

Sie haben sich jetzt Zeit genommen und mein Buch gelesen. Sie haben ganz viel über Inhaltsstoffe gelesen. Vieles wird Ihnen bekannt vorgekommen sein, einiges wird auch neu für Sie gewesen sein.

Ich hoffe, Sie können jetzt mit Ihrem Wissen die richtige Entscheidung treffen:

Was bekommt mein Liebling in seinen Napf?

Dennoch erlauben Sie mir eine kleine Anmerkung.
Ich habe all diese Informationen mit viel Vorsicht und mit sehr viel Recherche zusammengetragen. Sicherlich, es gibt noch mehr Inhaltsstoffe ... Leider!
Ich möchte, dass Sie leichter erkennen können, was im *Futter* enthalten ist!

Dennoch, sollte es bei Ihrem Tier trotz der Umstellung auf eine artgerechte Ernährung zu Störungen oder Erkrankungen kommen, dann sollten Sie einen Tier-Heilpraktiker oder einen Tierarzt aufsuchen.

Ich wünsche Ihnen und Ihrem Liebling alles Gute!

Die Autorin stellt sich vor

Ich bin 1956 in Hamburg geboren. Nach meiner Ausbildung zur Bankkauffrau blieb ich meiner Sparkasse in Hamburg fast 30 Jahre lang treu. Im Jahr 2000 zogen mein Mann und ich von Schleswig Holstein nach Spanien, an die Atlantikküste Andalusiens. Endlich hatte ich Zeit, mich mit den Themen zu beschäftigen, die mich schon immer interessiert haben.

Ich begann mit dem Schreiben. Meine wahre Leidenschaft gehörte schon immer dem Thema Gesundheit und Natur. Ende 2009 begann ich das Studium zur Heilpraktikerin und parallel dazu eine Ausbildung zur Fachkosmetikerin. Im November 2011 beendete ich die Heilpraktikerschule mit sehr gutem Erfolg.

Ich arbeite seit dieser Zeit als Gesundheits-Coach und habe mich auf den Einsatz des Zunderschwammes spezialisiert.

Als mich immer öfter Kunden bei Problemen mit ihren Haustieren befragten, wurde ich aufmerksam.

Ich begann mit der Recherche und stellte schnell fest, dass die Tiere krank sind, weil ihnen die artgerechte Nahrung fehlt!

Heute arbeite ich also neben meiner schriftstellerischen Arbeit als Gesundheits – Coach, mit dem Zusatz: für Mensch und Tier!

Schauen Sie sich doch einmal auf meinen Homepages um! Sie werden sicherlich viele Informationen erhalten.

Ich freue mich auch über Anregungen, Wünsche und Briefe!

Nutzen Sie mein Angebot, ich berate Sie gerne fachkompetent und kostenlos!

Auf bald und herzliche Grüße
Ihre Susanne Hottendorff

Quellenangaben.

*Internet mit allen Möglichkeiten!
*Wikipedia
*WHO
*Animal-health-online.de (aho)
*IStock.de
*dreamies.de
*Dienstag Bilder.de
*planethund.com

Meine Homepages:

<u>www.susanne-hottendorff.com</u>
<u>www.hunde-und-katzen-lieben-es.de</u>
<u>www.ich-will-gesundheit.de</u>

Bisher von der Autorin erschienen

Das Fachbuch zum Thema Haut:

Natürliche gesunde Schönheit
Ratgeber für Ihre Hautpflege
ISBN: 978-3-844814-78-1
auch als e-book

Aus der Krimi-Reihe:

Mord in Cádiz
Kommissarin Juana ermittelt in Andalusien
ISBN: 978-3-839168-11-0
auch als e-book

Der Tod und der Narr
Kommissarin Juana ermittelt in Andalusien
Band 2
ISBN: 978-3-842354-29-6
auch als e-book

Tödlicher Sherry
Kommissarin Juana ermittelt in Andalusien
Band 3
ISBN: 978-3-844814-29-3
auch als e-book

Mord zur Semana Santa
Kommissarin Juana ermittelt in Andalusien
Band 4
ISBN: 978-3-732234-75-2
auch als e-book

Die Flamenco–Tänzerin
Kommissarin Juana ermittelt in Andalusien
Band 5
ISBN: 978-3-735790-43-9
auch als e-book

Ein Diplomat auf Abwegen
Sein Tod gehört mir
ISBN: 978-3-848216-40-6
auch als e-book

Mord und andere mystische Geschichten
Kurzkrimis
ISBN: 978-3-732249-80-0
auch als e-book

Spanien, der schnellste Weg zum Herzinfarkt
Die Geschichte unserer Auswanderung nach Andalusien
ISBN: 978-3732295-31-9
auch als e-book

St. Pauli, Barmbek und ein bisschen Hamburg
Eine heitere Hamburg-Geschichte
ASIN (Kindle)   B00GIOPQHO

Bleiben Sie neugierig! Weitere Bücher folgen …
Ich arbeite bereits daran!

Die Größe und den moralischen Fortschritt einer Nation kann man daran messen, wie sie ihre Tiere behandelt.

Mahatma Gandhi